T0208947

Kritisch hinterfragt

Die „Kritisch hinterfragt"-Reihe greift kontroverse und für die Gesellschaft relevante Themen aus psychologischer Sicht auf und entlarvt gängige Mythen und Vorurteile. Die Bandbreite der Themen kommt aus allen Teilgebieten der Psychologie. Jeder einzelne Band konzentriert sich auf ein spezielles psychologisches Themengebiet.

Um den Leser abzuholen und das Interesse aufrecht zu erhalten, sind an entscheidenden Stellen Fragen eingearbeitet. Die Inhalte sind wissenschaftlich fundiert, jedoch nicht nur informativ, sondern unterhaltsam und humorvoll in leicht verständlicher Sprache verfasst.

Bände in der Reihe „Kritisch hinterfragt":

Niklas, Mit Würfelspiel und Vorlesebuch – Welchen Einfluss hat die familiäre Lernumwelt auf die kindliche Entwicklung?, ISBN 978-3-642-54758-4

Sprenger, Joraschky, Mehr Schein als Sein? – Die vielen Spielarten des Narzissmus, ISBN 978-3-642-55306-6

Gündel, Glaser & Angerer, Arbeiten und gesund bleiben – K. o. durch den Job oder fit im Beruf, ISBN 978-3-642-55302-8

Krause, Mit dem Glauben Berge versetzen? – Psychologische Erkenntnisse zur Spiritualität, ISBN 978-3-662-48456-2

Schneider, Lesen und Schreiben lernen – Wie erobern Kinder die Schriftsprache? ISBN 978-3-662-50318-8

Reindl, Gniewosz, Prima Klima: Schule ist mehr als Unterricht, ISBN 978-3-662-50352-2

Tomoff, Positive Psychologie – Erfolgsgarant oder Schönmalerei? ISBN 978-3-662-50386-7.

Weitere Bände sind in Planung.

Marion Reindl · Burkhard Gniewosz

Prima Klima: Schule ist mehr als Unterricht

 Springer

Marion Reindl
Philosophisch-Sozialwissenschaftliche Fakultät
Universität Augsburg
Augsburg, Deutschland

Burkhard Gniewosz
Paris-Lodron-Universität
Fachbereich Erziehungswissenschaft
Salzburg, Österreich

Kritisch hinterfragt
ISBN 978-3-662-50352-2   ISBN 978-3-662-50353-9 (eBook)
DOI 10.1007/978-3-662-50353-9

Die Deutsche Nationalbibliothek verzeichnet diese Publikation in der Deutschen Nationalbibliografie; detaillierte bibliografische Daten sind im Internet über http://dnb.d-nb.de abrufbar.

Planung: Marion Krämer
Einbandabbildung: © Neustockimages
Einbandentwurf: deblik, Berlin

Gedruckt auf säurefreiem und chlorfrei gebleichtem Papier.

Springer ist Teil von Springer Nature
Die eingetragene Gesellschaft ist Springer-Verlag GmbH Germany
Die Anschrift der Gesellschaft ist: Heidelberger Platz 3, 14197 Berlin, Germany

Vorwort

Um die Erforschung des Klimas in Schulen und Klassen ist es in den letzten Jahren ruhig geworden: Es gibt – im Gegensatz zu den mit dem Pädagogikprofessor Helmut Fend beginnenden großen Studien im letzten Jahrhundert – keine neuen umfassenden Untersuchungen, und das Konzept des Klimas hat in der wissenschaftlichen Diskussion um die Weiterentwicklung von Schule und Unterricht eine marginale Position.

Das signalisiert eine markante Veränderung in der Ausrichtung der Forschung. Nicht mehr die Humanisierung der Schule als Lebensort der Schülerinnen und Schüler steht im Fokus, nicht mehr die Frage, wie sich die Schülerinnen und Schüler unter dem Einfluss der Schule als soziale Institution entwickeln und verändern: Zurzeit ist der Blick auf die Schule geprägt durch die Ausrichtung auf fachliches Lernen und „Leistung". Nicht zuletzt haben die internationalen Leistungsvergleiche und deren für Deutschland und Österreich wenig schmeichelhaften Ergebnisse diesen Umschwung in der Wahrnehmung mit verursacht: Schul- und Unterrichtsqualität werden primär an „Output"-Merkmalen festgestellt und festgemacht, weniger an den Merkmalen des sozialen Umgangs und der Qualität der Beziehungen zwischen den Akteuren im Lebensraum Schule.

Anders die Schuladministration und die Schulen selbst: In den Referenzrahmen für Schulqualität, die von den einzelnen Ländern entwickelt wurden, und unter den vielfältigen Instrumenten, die den Schulen inzwischen über Qualitätsplattformen zur Selbstevaluierung zur Verfügung gestellt werden, haben Aspekte des Klimas einen hohen Stellenwert. Schülerinnen und Schüler werden immer wieder eingeladen, Rückmeldungen zu geben, wie sie den „Lebensraum Schule und Klasse" wahrnehmen und erleben, und sie geben dadurch wichtige Hinweise, wo Weiterentwicklungen ansetzen müssen, damit die einzelnen Schulen zu einem Ort werden, an dem das Lernen Freude machen kann.

Jo Kramis[1] hat bereits 1990 in einer bemerkenswerten Zusammenschau von Prinzipien und Gütekriterien der eher geisteswissenschaftlichen Didaktik

---

[1] Kramis, J. (1990). Bedeutsamkeit, Effizienz, Lernklima. Grundlegende Gütekriterien für Unterricht und Didaktische Prinzipien. *Beiträge zur Lehrerbildung, 8*, 279–296.

herausgearbeitet, dass „Bedeutsamkeit" der Inhalte, „Effizienz" der Vermittlung und das „Lernklima" jene drei Faktoren darstellen, die „guten Unterricht" ausmachen. Das dabei angesprochene „Klima" ist den beiden anderen nicht nachgeordnet; Kramis geht vielmehr von einer Art multiplikativer Verknüpfung der drei Bereiche aus: Sie steigern sich wechselseitig in ihrer Wirkung, je positiver sie ausgeprägt sind. Die Formel gilt aber auch umgekehrt: Wo das Lernklima sehr schlecht ist – mathematisch gesehen gegen null geht –, senkt es wegen dieser Art der Verknüpfung auch die Wirkung der beiden anderen Faktoren.

Was Kramis in einem qualitativen Zugang postulierte, wurde fast 20 Jahre später von John Hattie[2] beeindruckend durch seine Metaanalyse empirischer Untersuchungen bestätigt: Zuwendung, Ermutigung, Respekt und hohe Leistungserwartungen auf der einen, das soziale Zusammenleben in der Klasse im Sinne von emotionalem Zusammenhalt und wechselseitiger Unterstützung auf der anderen Seite sind Faktoren, deren starker Einfluss auf die Lernergebnisse auch empirisch gut abgesichert ist.

Umso mehr ist daher ein Buch zu begrüßen, das sich neben der Klärung der einschlägigen Begriffe und des Konzepts vor allem zum Ziel setzt, Wege aufzuzeigen, wie das Klima auf den verschiedenen Ebenen des Bildungssystems und der Schule beeinflusst und zum Positiven verändert werden kann. Ist es doch häufig ein langer und schwieriger Weg, das als richtig Erkannte auch tatsächlich in die Praxis umzusetzen. Und zugleich könnte es auch einen Impuls bilden, die zurzeit eher einseitig fachlich geprägte Rezeption von Schule und Lernen zu modifizieren und die Schülerinnen und Schüler als ganzheitliche Personen wieder mehr ins Zentrum der Aufmerksamkeit zu rücken.

Ferdinand Eder

---

[2] Hattie, J. A. C. (2009). *Visible Learning. A synthesis of over 800 meta-analyses relating to achievement.* London & New York: Routledge.

Inhaltsverzeichnis

1

Einleitung: Ein Überblick über das Klima?

Die Schule ist für Kinder und Jugendliche ein zunehmend wichtiger werdender Lebensraum. Neben der Familie bietet die Schule einen Ort, um sich neues Wissen anzueignen, Freundschaften zu schließen, aber auch Toleranz gegenüber anderen Einstellungen zu fördern. Gleichzeitig tragen Schülerinnen und Schüler altersspezifische Erwartungen an die Schule heran. Dabei spielt oftmals die Frage nach Akzeptanz und sozialer Eingebundenheit eine wichtige Rolle. Die Verknüpfung von Bildungszielen mit altersspezifischen Erwartungen von Schülerinnen und Schülern stellt somit eine Herausforderung dar, der sich Politik und Gesellschaft stellen müssen. Allerdings ist nicht allein die reine Umsetzung für schulspezifische als auch unspezifische Entwicklungen von Schülerinnen und Schülern ausschlaggebend. Entscheidend dafür ist, wie diese Umsetzung wahrgenommen wird und somit wiederum das Handeln, Denken und Fühlen der Schülerinnen und Schüler beeinflusst.

Genau an dieser Stelle kommt der Klimabegriff ins Spiel. Dieser spezifiziert die subjektive Wahrnehmung der Beteiligten im Bildungsprozess als entscheidenden Mediator zwischen struktureller Gegebenheit und Entwicklungsdimension (Eder 2002). Es ist eine uralte Erkenntnis aus der Philosophie, Soziologie, Pädagogik und letztlich auch der Psychologie, dass eine Wirkung von Kontextbedingungen auf einzelne Personen hauptsächlich über die Wahrnehmung durch diese Person funktionieren kann. Ein Beispiel könnte hier sein, dass Lehrkräfte häufig Humor im Unterricht zeigen, um die Schülerinnen und Schüler für den Stoff zu begeistern. Wird der Humor von den Schülerinnen und Schülern allerdings nicht erkannt (manche Lehrerinnen oder Lehrer sind in ihren Augen einfach nicht witzig), ist es auch weniger wahrscheinlich, dass der vielleicht objektiv vorhandene Humor der Lehrkraft seine Wirkung entfaltet. Somit macht erst die Einschätzung durch die Beteiligten eine strukturelle Umsetzung zu einem Klimamerkmal, was sich dann auf die Entwicklung auswirken kann (Abb. 1.1).

Für akademische Bildungs- und Entwicklungsprozesse von Schülerinnen und Schülern ist eine Vielzahl von Umwelten wichtig. Die Schule ist nur eine davon, aber sie soll das Zentrum dieses Buches darstellen. Dennoch kommt man nicht umhin, diese Bildung- und Entwicklungsprozesse als Teil der sie umgebenden Umwelten zu betrachten. Diese Umwelten können sich hier-

© Springer-Verlag GmbH Deutschland 2017
M. Reindl und B. Gniewosz, *Prima Klima: Schule ist mehr als Unterricht*, Kritisch hinterfragt,
DOI 10.1007/978-3-662-50353-9_1

**"But you said I should make the course material
more fun for the students."**

Abb. 1.1   Humor von Lehrkräften. (© cartoonresource)

bei in verschiedene Organisationsebenen des Bildungssystems gliedern. Für den schulischen Kontext können die Gesellschaft, die Schule und die Klasse differenziert werden (Fend 2008). Es ist anzumerken, dass eine einheitliche Definition des Klimabegriffs bisher nicht gelungen ist. Wie häufig in der Wissenschaft, kann man fünf Personen fragen, was Klima bedeutet, und dabei mindestens sieben Antworten erhalten. Arbeitet man sich dann durch die publizierte Literatur zu diesem Thema, wird einem auffallen, dass die gleichen Begriffe mitunter für unterschiedliche Dinge verwendet oder aber die gleichen Dinge mit unterschiedlichen Begriffen bezeichnet werden. Dies macht es oftmals etwas schwierig, Studienergebnisse zu bündeln und dahingehend Rückschlüsse für die Praxis geben zu können.

Trotz dieser Schwierigkeit soll es Ziel dieses Buches sein, das Klima in einer vereinfachten Form in Ebenen zu unterteilen und darauf aufbauend Ergebnisse aus Studien zu bündeln. Dies soll es ermöglichen, bestehende Einflüsse des Klimas zu identifizieren und gezielt Ansätze zur Förderung zu geben. In diesem Buch werden die Kapitel entsprechend der Organisationsebenen (Gesellschaft, Schule, Klasse) unterteilt, wobei die Klassenebene nochmals bezüglich Schüler-Schüler-Beziehungen und Lehrer-Schüler-Beziehungen differenziert betrachtet wird. Daraus ergibt sich folgende Kapitelstruktur:

* Kap. 2: Bildungsklima (Organisationsebene Gesellschaft),
* Kap. 3: Schulklima (Organisationsebene Schule),
* Kap. 4: Klassenklima (Organisationsebene Klasse: Schüler-Schüler-Beziehungen),
* Kap. 5: Unterrichtsklima (Organisationsebene Klasse: Lehrer-Schüler-Beziehungen).

Als Vorbereitung für die einzelnen Klimaebenen und Einführung in die Thematik werden im Folgenden die Grundzüge und Problematiken des Klimabegriffs verdeutlicht.

1.1 Was ist Klima?

Was fällt Ihnen ein, wenn Sie gefragt werden, was Klima ist? Ich wette, Sie denken an irgendetwas mit Wetter. Ich höre noch meine Geografielehrerin aus der siebten Klasse mit mir schimpfen, dass Wetter und Klima doch vollkommen unterschiedliche Dinge seien. Sie fragte mich so etwas wie „Hast du jemals jemanden gehört, der sagt, heute ist aber ein schlechtes Klima?". Damit hatte sie recht. Das Klima ist etwas zeitlich Überdauerndes. Wetter wechselt von Tag zu Tag, das Klima bleibt über einen längeren Zeitraum konstant. Beim Klima handelt es sich also, auf das Wetter bezogen, um uns umgebende Umweltbedingungen, die sich nicht von jetzt auf gleich verändern können. Es geht um die Beschaffenheit unserer Umgebung oder auch unserer Umwelt. Widmen wir uns nun dem Klimabegriff im Zusammenhang mit der Schule. Können wir sagen, dass Klima so etwas wie die wahrgenommenen Eigenschaften der Schulumwelten ist? Schauen wir hierzu auf folgende leitende Definition für das Buch:

> **Klima** „Klima lässt sich als die von den Betroffenen wahrgenommene Konfiguration bedeutsamer Merkmale innerhalb der jeweiligen schulischen Umwelt beschreiben" (Eder 2010, S. 694).

Um eine bessere Vorstellung zu bekommen, was Klima ist, betrachten wir einzelne Bestandteile dieser Definition genauer. Erstens werden Merkmale genannt. Merkmale können interpersonale Merkmale (Beziehungen zwischen Personen), personale Merkmale (Eigenschaften einer Person wie z. B. Motivation, die zum Klimamerkmal werden, wenn Eigenschaften für eine Gruppe wahrgenommen werden) oder strukturelle Merkmale (Computerausstattung) sein (vgl. Götz et al. 2008; Eder 2002). Diese Merkmale können wiederum in die Qualität (z. B. wie gut sich Schülerinnen und Schüler bei schulischen Problemen unterstützen) als auch Quantität (z. B. wie häufig sich Schülerinnen und Schüler bei schulischen Problemen unterstützen) unterschieden werden. Interpersonale Voraussetzungen betreffen Beziehungen in vertikaler (Schüler-Schüler-Beziehungen) als auch horizontaler Form (Lehrer-Schüler-Beziehung). Beispiele für personale Gegebenheiten wären z. B. motivationale, emotionale oder kognitive Merkmale sowohl von Schülerinnen und Schülern als auch Lehrpersonen (Götz et al. 2008). Strukturelle Voraussetzungen sind z. B. die Ausstattung an Computern.

Ein weiterer zentraler Punkt betrifft die subjektive Wahrnehmung der Betroffenen. So ist Klima auch immer Teil der Wahrnehmung von Individuen und deren Umwelt. Nicht für jede Person ist ein und dasselbe Klima auch positiv. Dies hat zur Folge, dass die subjektive Wahrnehmung immer etwas mit der „Erfüllung bzw. Nichterfüllung wichtiger Erwartungen und Bedürfnisse" (Eder 2002, S. 214) zu tun hat. Erst diese Kombination macht das Klima zu einem positiven bzw. negativen Klima (Eder 2002). Der eine versteht den Lehrerwitz, der andere versteht ihn nicht. Daher hat das Klima auch immer etwas mit einer Person-Umwelt-Passung zu tun. Klima wird von allen Akteuren im Bildungsprozess wahrgenommen. Natürlich denkt man erst einmal an die Schülerinnen und Schüler in der Schule, die ein Schulklima wahrnehmen. Aber ebenso gibt es Eltern, die sich ihr Bild über die Lernumgebung ihres Nachwuchses konstruieren. Gerne vergessen werden die Lehrerinnen und Lehrer, die Schulklima als Arbeitsklima, als Bedingung ihrer Arbeitsumwelt, wahrnehmen. Darüber hinaus gibt es noch die Mitarbeiterinnen und Mitarbeiter auf der administrativen Ebene einer Schule, beispielsweise die Schulleitung oder die Sekretariatsbesetzung. All das macht es für einen Forscher nicht leichter, sich ein Bild über das Klima innerhalb einer Schule zu machen. Allein das ist sein Ziel, wenn er zum Thema „Schulklima" forscht.

Hierzu kann er die eben genannten Informationsquellen nutzen. Oder aber er schickt objektive Beobachter in die Schule. Das wäre eine weitere Quelle, Informationen über das Schulklima zu erlangen. Nun ja, wenn es einfach wäre, über das Schulklima zu forschen, wäre es ja auch langweilig.

Zuletzt ist es wichtig, den Begriff der schulischen Umwelt im Zusammenhang mit den Organisationsebenen des Bildungssystems genauer zu betrachten. Wie schon angedeutet, kann die schulische Umwelt in mehrere Organisationsebenen (Gesellschaft, Schule, Klasse) aufgeteilt werden. Diese sind wiederum hierarchisch geordnet. So kann z. B. die Wichtigkeit von Bildung innerhalb einer Klasse, auf der nächsthöheren Organisationsebene innerhalb einer Schule und auf der obersten Ebene innerhalb einer Gesellschaft eingeschätzt werden. Die Ausprägung schulbezogener Merkmale, also wie wichtig bzw. unwichtig Bildung wahrgenommen wird, ist entsprechend der Organisationsebenen wiederum Resultat der Interaktionen der beteiligten Personen innerhalb der jeweiligen Organisationsebene (Bürger Deutschlands, Schulmitglieder, Klassenkameraden).

Die zentralen Punkte (Klimaebenen, schulische Merkmale, subjektive Wahrnehmung) werden im Folgenden nochmals genauer beschrieben. Für die Einbettung der drei zentralen Punkte haben wir in Anlehnung an Götz et al. (2008) ein Schaubild entworfen (Abb. 1.2).

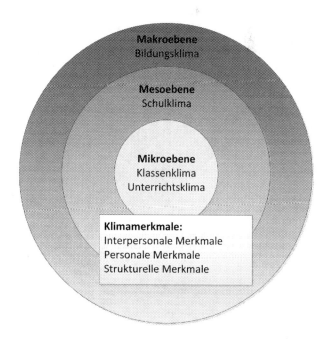

Abb. 1.2 Klimaebenen und Klimamerkmale. (Modifiziert nach Götz et al. 2008)

Makroebene
Bildungsklima

Mesoebene
Schulklima

Mikroebene
Klassenklima
Unterrichtsklima

Klimamerkmale:
Interpersonale Merkmale
Personale Merkmale
Strukturelle Merkmale

1.2   Wie ist Klima strukturiert?

Wie Ihnen nach ausführlicher Lektüre unseres Inhaltsverzeichnisses sicherlich aufgefallen ist, strukturieren wir dieses Buch anhand der Ebenen des Klimas: des Bildungsklimas, des Schulklimas sowie des Klassenklimas und des Unterrichtsklimas (Nerd-Exkurs: Aufteilung der Mikroebene in Klassen- und Unterrichtsklima). Theoretisch basiert diese Differenzierung auf Organisationsebenen des Bildungssystems. Hierbei wird angenommen, dass die Ebenen ineinander geschachtelt sind und sowohl Schülerinnen und Schüler direkt bzw. indirekt in ihrem Lern- und Leistungsverhalten als auch außerschulische Entwicklungsdimensionen beeinflussen können. Das können Sie sich wie die russischen Matrjoschkas vorstellen. Ganz außen gibt es eine dicke Puppe, die alle anderen ineinander geschachtelten kleineren Puppen umgibt. Wenn man so will, entspricht die allerkleinste Puppe in der Mitte, die von den anderen Puppen umgeben ist, unseren Schülerinnen und Schülern. Die Klimaebenen können dabei den Organisationseinheiten nach Fend (2008) zugeordnet werden. Dabei ist die Klassenebene gleich der Mikroebene (relativ dünne Matrjoschka), die Schulebene gleich der Mesoebene (etwas dickere Matrjoschka) und die Gesellschaftsebene gleich der Makroebene (die dickste und alle umgebende Matrjoschka) (Abb. 1.3).

Interaktionspartner auf der Mikroebene sind dadurch gekennzeichnet, dass diese direkt mit den Schülerinnen und Schülern interagieren und somit auch einen direkten Einfluss auf ihr Lern- und Leistungsverhalten haben. Die Mesoebene bezieht sich hingegen auf Systeme, die sowohl direkt als auch indirekt auf die Entwicklung einwirken können, wie die Schule als ganzer Organisation. Auf der Makroebene sind kulturelle Werte und Normen angesiedelt, die in

Abb. 1.3 Russische Matrjoschkas

einer Gesellschaft vorherrschen. Auf dieser Ebene kann von einem allgemeinen Bildungsklima gesprochen werden, das in einer Gesellschaft vorherrscht. Somit haben allgemeine Werte und Einstellungen in einer Gesellschaft, vermittelt über schulische Gegebenheiten, Einfluss auf die Entwicklung von Kindern und Jugendlichen. Im Folgenden werden die einzelnen Ebenen des Klimas nochmals genauer definiert.

Bildungsklima Das Bildungsklima bezieht sich auf die „Wahrnehmungen der bildungsbezogenen Umwelten auf der Makroebene [...] in der betreffenden Gesellschaft [...] (z. B. wahrgenommene gesellschaftliche Wertschätzung von Bildung)" (Götz et al. 2008, S. 506).

Schulklima Das Schulklima (Mesoebene) bezieht sich auf „die wahrgenommene Umwelt in der Schule als ganzer Institution" (Götz et al. 2008, S. 506). Dazu zählen nach Eder (2002, S. 215) „die physische Ausstattung der Schule, der Umgang zwischen Lehrern und Schülern, die Erwartungen und Praktiken im Hinblick auf soziales Verhalten, Ordnung und Disziplin, Leistungserwartungen und kulturelles Selbstverständnis".

Klassenklima Das Klassenklima (Mikroebene) wird als die „sozial geteilte subjektive Repräsentation wichtiger Merkmale der Schulklasse als Lernumwelt" (Eder 2002, S. 215) gesehen. Dazu zählen nach Eder (2002) die physische Umwelt der Klasse, soziale Beziehungen, Erwartungen hinsichtlich Leistung und Verhalten, die Art und Weise, wie Lernprozesse ablaufen, sowie Werte und Normen in der Klasse.

Unterrichtsklima Das Unterrichtsklima (Mikroebene) fokussiert „den Kernbereich [...] Lehren und Lernen" (Eder 2002, S. 215).

Nerd-Exkurs

Aufteilung der Mikroebene in Klassen- und Unterrichtsklima

Wir unterteilen die Mikroebene in Unterrichts- und Klassenklima auch für die beiden Kontexte Schülerinnen und Schüler sowie Lehrerinnen und Lehrer. Ziel ist es, die beiden Kontexte als unterschiedliche Einflussgrößen herauszuarbeiten. Es gibt sowohl empirische als auch theoretische Gründe, warum wir diese Vorgehensweise gewählt haben. Grundsätzlich kann das Unterrichtsklima aus zwei Facetten bestehen, nämlich einer Beziehungsdimension und einer Inhaltsdimension. Die Beziehungsdimension bezieht sich dabei, wie der Name schon sagt, auf die Betrachtung zwischenmenschlicher Beziehungen zwischen Lehrpersonen und Schülerinnen und Schülern, die nicht direkt unterrichtsbezogene Inhalte betreffen. Die Inhaltsdimension bezieht sich hingegen direkt auf den Unterricht und die Vermittlung von Inhalten. Die Zuordnung beider Dimensionen zum Unterrichtsklima erfolgt allerdings nicht bei allen Autorinnen und Autoren. Sieht man sich aber Analysen aus Studien an, stellt man fest, dass sich Beziehungsdimensionen und Unterrichtsdimensionen zwar unabhängig voneinander abbilden lassen, allerdings Zusammenhänge beider Dimensionen auf einem mittleren Niveau existieren (Reyes et al. 2012; vgl. auch Leitz 2015). Dies bedeutet, dass Lehrer-Schüler-Beziehungen und Unterrichtsprozesse zwar unterschiedliche Dimensionen sind, diese aber nicht völlig unabhängig voneinander sind. Theoretisch lässt sich dies darüber erklären, dass jeder Inhalt auch im Zusammenhang damit abgespeichert wird, „wer diesen Inhalt vermittelt (Quellengedächtnis) und wann und wo das Lernen (Orts- und Zeitgedächtnis) stattfindet" (Roth 2008, S. 67; vgl. zusammenfassend Leitz 2015). Dem zufolge kann eine Lehrperson sehr gute Methoden anwenden, doch wenn sich die Schülerin oder der Schüler von ihr nicht verstanden fühlt, kann sich eine grundsätzliche Abneigung gegenüber der Person und infolgedessen auch gegenüber den Inhalten, die diese Person vermittelt, entwickeln. Somit ist der Kontext, also die Beziehung zwischen Lehrperson und Schülerin bzw. Schüler, auch maßgeblich an der Vermittlung der Inhalte und somit am Lernerfolg beteiligt.

1.3   Was macht Klima aus?

Nun haben wir geklärt, auf was wir achten müssen, wenn uns das Klima interessiert. Aber was genau sollen wir untersuchen? Jedes Kapitel in diesem Buch, das eine andere Klimaebene untersucht, wird die Frage „Was ist das?" stellen. Auf jeder Organisationsebene (Gesellschaft, Schule und Klasse) kann das Klima aus unterschiedlichen Merkmalen bestehen. Natürlich gibt es auch dort ebenenspezifische Inhalte, die man auf anderen Ebenen nicht finden wird. Aber es gibt so etwas wie Klassen von Merkmalen, die sich so gut wie auf jeder Ebene finden lassen. Grob zu unterscheiden sind, wie in Abschn. 1.1 bereits erwähnt, interpersonale Merkmale (Beziehungen zwischen Personen), personale Merkmale (motivationale, emotionale, kognitive, behaviorale; vgl. auch Götz et al. 2008) und strukturelle Merkmale (finanzielle oder materielle

Schulausstattung) (Eder 2002). Für die personalen Merkmale ist im Rahmen der Klimadefinition zu beachten, dass es sich hierbei um Merkmale handelt, die Personen mitbringen, die allerdings als Zusammensetzung in einer Gruppe wahrgenommen werden. Das heißt, wenn es sich um Klima dreht, werden Schülerinnen und Schüler in der Regel gefragt, wie motiviert die Klasse ist, und nicht, wie motiviert sie selbst sind. Im Folgenden werden in Anlehnung an Götz et al. (2008) die Klimamerkmale nochmals genauer vorgestellt. Dies soll einen Überblick darüber bieten, welche Merkmale in den einzelnen Kapiteln vertieft besprochen werden.

Interpersonale Merkmale

Interpersonale Merkmale betreffen die Qualität als auch die Quantität von Beziehungen zwischen Personen (Schüler-Schüler), Gruppen von Personen (Schulklassen untereinander) oder Individuen und Gruppen (Lehrer-Klasse). Diese Beziehungen können unterschiedlich geprägt sein, wie z. B. von einem Wettbewerbscharakter („Jeder in unserer Klasse versucht, besser zu sein als der andere"), sozialer Unterstützung („In unserer Klasse hilft jeder dem anderem") oder aggressiven Verhaltensweisen („In unserer Klasse werden Konflikte oftmals mit Gewalt gelöst").

Personale Merkmale

Motivationale Merkmale Motivation bezieht sich generell auf „[…] eine aktivierende Ausrichtung des momentanen Lebensvollzugs auf einen positiv bewerteten Zielzustand" (Schiefele 2009, S. 152). Für die Erklärung dieser Zielerreichung gibt es zahlreiche Motivationstheorien, die an dieser Stelle nicht alle genannt werden können (vgl. zusammenfassend Schiefele 2009). Beispielhaft können die intrinsische Motivation („In unserer Klasse hat jeder Spaß, etwas zu lernen"), extrinsische Motivation („In unserer Klasse lernt jeder nur, weil er gute Noten haben möchte") oder Zielorientierungen („Unserer Klasse ist es wichtig, etwas dazuzulernen") genannt werden.

Emotionale Merkmale Emotionale Aspekte betreffen Reaktionsmuster auf Ereignisse (z. B. eine Schulaufgabe), die eine subjektive Erlebenskomponente, ein neurophysiologisches Reaktionsmuster und eine motorische Ausdruckskomponente (Mimik, Gestik, Stimme) beinhalten (Scherer 1984). Im schulischen Kontext wird hierbei häufig das Modell der Lern- und Leistungsemotionen von Pekrun (2006) geschildert. Emotionen werden nach deren Auswirkungen für Lern- und Leistungsverhalten eingeordnet, z. B. Freude („In unserer Klasse freut sich jeder auf die Hausaufgaben") oder Langeweile („In unserer Klasse ist jeder gelangweilt bei den Hausaufgaben").

Kognitive Merkmale Kognitive Aspekte betreffen die Qualität und Quantität von Überzeugungen, die ganz allgemein mit der geistigen Informationsverarbeitung zu tun haben. Beispiele hierfür sind geschlechtstypische Überzeugungen („In unserer Klasse sind Mädchen in Deutsch besser als Jungen") oder auch Selbstwirksamkeitsüberzeugungen („In unserer Klasse kann jeder auch schwierige Aufgaben lösen").

Behaviorale Merkmale Behaviorale Merkmale umfassen Verhaltensweisen im schulischen Kontext, die sich im Speziellen auf Lern- und Leistungsverhalten beziehen. Bezüglich des Lernverhaltens kann dies z. B. den Einsatz von Lernstrategien (z. B. „In unserer Klasse wiederholt jeder die Dinge häufig, bis er sie verstanden hat") betreffen und bezüglich des Leistungsverhaltens die durchschnittliche Leistungsstärke in einem Fach. Hierunter fallen auch instruktionale Maßnahmen der Lehrkräfte („Unsere Lehrerinnen und Lehrer wenden häufig Gruppenarbeiten an").

Strukturelle Merkmale
Strukturelle Aspekte betreffen die Quantität und Qualität institutioneller Voraussetzungen, z. B. die Ausstattung an Lehrkräften oder räumliche Gegebenheiten.

> Unter Wissenschaftlern existiert kein Konsens darüber, welche Merkmale fester Bestandteil der Klimadefinition sind. Die Folge ist, dass auch Studien selten ein und dieselben Merkmale erfassen, wenn sie von einer bestimmten Klimaform sprechen.

1.4   Wer nimmt das Klima wahr?

Wie bereits erwähnt handelt es sich bei dem Begriff „Klima" immer um eine subjektive Wahrnehmung von Personen (z. B. Schülerinnen und Schülern, Lehrpersonen oder Eltern). Diese subjektive Wahrnehmung kann nun zwei Ausprägungen annehmen: Zum einen kann die subjektive Wahrnehmung einer Einzelperson fokussiert werden (psychologisches Klima), zum anderen die durchschnittliche Klimawahrnehmung einer Klasse, Schule oder Gesellschaft (kollektives Klima).

Psychologisches Klima
Das psychologische Klima beschreibt die subjektive Wahrnehmung des Klimas von nur einer Person. Hierbei ist wichtig, dass eher die subjektive Organisation der Umwelt eine Rolle spielt und weniger die objektive Gegebenheit

der Umwelt (Eder 1996). Allerdings muss berücksichtigt werden, dass diese subjektive Wahrnehmung auch immer Resultat der kollektiv geteilten Interaktionen und Wahrnehmungen einer Organisationseinheit ist (Eder 1996). Das heißt, dass sich Schülerinnen und Schüler in ihrer Einschätzung, ob ein Lehrer Humor hat oder nicht auch, durch andere Klassenmitglieder beeinflussen lassen können. Da das Klima als eine subjektive Wahrnehmung definiert ist, wird das Klima hauptsächlich über die subjektive Wahrnehmung der beteiligten Personen zu erfassen versucht (Eder 1996). Hierbei können wiederum beteiligte Personen (Schülerinnen und Schüler, Lehrerinnen und Lehrer und Eltern) zur Einschätzung von Merkmalen des Klimas befragt werden. Man nennt diese Art der Klimaerfassung auch Individualklima. Das ist sozusagen die Einschätzung einer Person zu interessierenden Merkmalen des Klimas. Man könnte also die Schülerinnen und Schüler beispielsweise zu der Aussage „Unsere Lehrerinnen und Lehrer haben einfach keinen Humor" befragen. Pro Schulklasse würde man etwa 25 Wahrnehmungen dieser Klimadimension einsammeln.

Kollektives Klima
Entsprechend der Aussage, dass die subjektive Wahrnehmung von Klimamerkmalen auch immer ein Resultat von kollektiv geteilten Interaktionen und Kommunikationsprozessen ist, können Individualdaten aggregiert (der Mittelwert über die Individualdaten in einer sozialen Gruppe) werden, um somit die intersubjektiv geteilte Wahrnehmung (den gemeinsamen Anteil der Klimawahrnehmung) zu ermitteln (Eder 1996; Götz et al. 2008). Ziel dabei ist, sich durch die Ermittlung des in der Schule oder in der Schulklasse geteilten Anteils der individuellen Klimawahrnehmung einer objektiveren Erfassung eines Klimamerkmals anzunähern. Diese Aggregation kann über alle Organisationsebenen erfolgen. So können Daten einer Klasse, einer Schule, aber auch einer Gesellschaft aggregiert werden, um ein kollektives Klima auf den jeweiligen Organisationsebenen abzubilden. Nehmen Sie also Ihre 25 Humoreinschätzungen innerhalb der Schulklasse und bilden daraus einen Mittelwert, schon haben Sie sich einen Indikator für das kollektive Humorklima in der Klasse gebastelt.

Eine weitere Möglichkeit, das kollektive Klima zu erfassen, wäre es, einen objektiven Beobachter in die Schule zu schicken. Dieser könnte dann einschätzen, inwieweit die Lehrerinnen und Lehrer Humor haben. Auch so kommt man zu einer Einschätzung des Klimas innerhalb der Schulklasse. Jetzt kann man sich streiten, welcher Indikator der bessere wäre, um das Humorklima zu messen. Die einen sagen, wir befragen einfach die Experten (nämlich Schülerinnen und Schüler), die sich in aller Regel täglich mit dem mehr oder weniger lustigen Lehrpersonal herumschlagen müssen. Somit haben wir eine Vielzahl von Beobachtern, die dieses Merkmal am besten einschätzen können. Wieder andere würden sagen, dass Schülerinnen und Schüler keine unabhängigen oder objektiven Beobachter sind, und würden eher für den objektiven Beobachter argumentieren. Jetzt könnte man, um es theoretisch noch komplexer zu machen, sagen, dass Klima letztlich eine subjektive Wahrnehmung ist und daher gar keine objektive Einschätzung nötig ist. Die Gelehrten streiten und werden sich wohl auch in den nächsten Jahren nicht wirklich einigen können.

Für die Interpretation ist es notwendig zu wissen, ob eher die subjektive Wahrnehmung der einzelnen Person oder die subjektiv geteilte Wahrnehmung als ein kollektives Klima den Einfluss auf Lern- und Leistungsverhalten ausmacht.

Für die getrennte Untersuchung der Einflüsse von psychologischem und kollektivem Klima werden Mehrebenenmodellierungen (Hox 2002; Raudenbush und Bryk 2002) angewandt. Diese Art der Modellierung macht es möglich, den Einfluss beider Klimaformen auf Lern- und Leistungsverhalten der Schülerinnen und Schüler zu untersuchen. Ebenso lassen sich die Klimaebenen analytisch sauber trennen. Eine kurze Darstellung diese Methode findet sich im Nerd-Exkurs: Mehrebenenanalyse. Wenn Sie hier nicht in eine kurze Einführung einsteigen wollen, können Sie den Exkurs ebenso überspringen. Das weitere Verständnis des Buches wird dadurch nicht beeinträchtigt.

Nerd-Exkurs

Mehrebenenanalyse

Das Ziel der meisten wissenschaftlichen Analysen im Bereich des Klimas ist es, individuelle Charakteristika von Schülerinnen und Schülern (z. B. Motivation, Leistung oder Leistungsentwicklung) über Klimamerkmale der Schulklasse, der Schule oder des Bildungssystems vorherzusagen. Das Wissen um die Wirkung der einzelnen Klimaebenen ist insbesondere für schulpolitische Entscheidungen relevant, um daraus Handlungsempfehlungen ableiten zu können. Für den Kompetenzerwerb der Schülerinnen und Schüler kann auf der Ebene des Bildungssystems (Makroebene; Kap. 2) beispielsweise der Stellenwert von Bildung in einer Gesellschaft eine wichtige Rolle spielen. Hierbei handelt es sich um eine geteilte Wahrnehmung des Bildungsklimas aller Akteure in einem Bildungssystem (z. B. Bundesland). Bereits aus unserer leitenden Klimadefinition wird klar, dass dieses Klima für alle Beteiligten innerhalb des Bildungssystems gleich bzw. sehr ähnlich ist. Auf der Ebene der Schule als Lernumgebung (Mesoebene; Kap. 3) kann z. B. das Interaktionsklima der Schule eine wichtige Rolle spielen. Dabei wird davon ausgegangen, dass dieses Klima durch alle Schülerinnen und Schüler der Schule ähnlich wahrgenommen wird, diese Wahrnehmungen allerdings zwischen unterschiedlichen Schulen variieren. Gleiches gilt auf der Ebene der Schulklasse (z. B. das Klassenklima, Mikroebene; Kap. 4 und 5). Dieses ist für alle Schülerinnen und Schüler einer Schulklasse (z. B. der 3b) gleich, kann sich aber durchaus zu dem anderer Klassen unterscheiden (z. B. der 3a).

Diese drei Ebenen können, jede für sich, Einfluss auf den Kompetenzerwerb der einzelnen Schülerinnen oder Schüler (Individualebene) haben. Aus statistischer Sicht waren diese ineinander verschachtelten Ebenen lange eine Herausforderung. Mit der Mehrebenenanalyse (auch hierarchische lineare Modelle oder Multilevel Analysis genannt) gibt es nunmehr seit etlichen Jahren sehr gute Möglichkeiten, Beziehungen zwischen diesen beschriebenen Analyseebenen statistisch zu modellieren (Hox 2002; Raudenbush und Bryk 2002).

Für den kleinen Exkurs zum Verständnis der Grundidee der Mehrebenenanalysen haben wir, da wir Sie als Leserin bzw. Leser nicht bereits im ersten Kapitel verlieren wollen, dieses zugegeben etwas komplexe Beispiel auf die beiden untersten Ebenen reduziert. Eine häufige Frage im Zusammenhang mit dem Schulklima ist, inwieweit ein bestimmtes Klima Lernprozesse von Schülerinnen und Schülern beeinflusst. Man versucht demnach, wichtige Eigenschaften auf der Ebene der einzelnen Schülerin oder des einzelnen Schülers (beispielsweise erworbene Kompetenzen) über Klimaeinschätzungen auf anderen Ebenen (Klasse, Schule, Gesellschaft) vorherzusagen. Gemeint sind hiermit Aussagen wie „Ein hoher Leistungsdruck in der Schulklasse führt zu einer schlechteren Motivation" oder „In Ländern mit einem Bildungsklima, das die Wichtigkeit der Bildung in einem Land betont, erwerben Schülerinnen und Schüler höhere Kompetenzniveaus". Um das Zusammenspiel der unterschiedlichen Analyseebenen zu verdeutlichen, ist es auch möglich, Hypothesen aufzustellen wie „Schülerinnen und Schüler, die an einem Thema interessiert sind, werden bessere Schulleistungen erreichen, wenn das Klassenklima gut ist". Diese Hypothese wird als Beispiel in unserem Exkurs verwendet. Die „Kurzfassung" der mathematischen Modellierung sieht wie folgt aus:

$$
\begin{aligned}
Y_{ij} = \gamma_{00} + \gamma_{01}\left(Z_j\right) + \gamma_{10}\left(X_{1ij}\right) + \gamma_{11}\left(X_{1ij}\right)\left(Z_j\right) \\
+ \left(X_{1ij}\right)u_{1j} + e_{ij} + u_{0j}
\end{aligned}
\tag{1.1}
$$

Y_{ij} = der Wert der zu erklärenden Variable eines Individuums i (z. B. Leistung) in der Schulklasse j

X_{1ij} = der Wert der zu erklärenden Variable eines Individuums i (z. B. Interesse) in der Schulklasse j

Z_j = der Wert der zu erklärenden Variable auf der Klassenebene (z. B. Klassenklima) in der Schulklasse j

β_{0j} = die durchschnittliche Schulleistung in der Schulklasse j

β_{1j} = der Zusammenhang zwischen Interesse und Leistung in der Schulklasse j

e_{ij} = der nicht erklärte Varianzanteil der Schulleistung innerhalb Schulklasse j

u_{0j} = der nicht erklärte Varianzanteil der Schulleistung zwischen den Schulklassen j

u_{1j} = der nicht durch das Klassenklima erklärte Varianzanteil zwischen den Schulklassen j bzgl. des de Zusammenhangs zwischen der Schulleistung und dem Interesse

γ_{00} = der Gesamtmittelwert der Schulleistung in der Stichprobe

γ_{01} = der durchschnittliche Zusammenhang zwischen dem Klassenklima und der Schulleistung in der Stichprobe

γ_{10} = der durchschnittliche Zusammenhang zwischen dem Interesse und der Leistung in der Stichprobe

γ_{11} = der durchschnittliche Zusammenhang zwischen dem Klassenklima, dem Interesse und der Schulleistung

Gehen wir die Bestandteile der Formel einmal der Reihe nach durch: Viele Hypothesen in der Bildungsforschung und somit auch die Hypothesen in diesem Beispiel sind Zusammenhangshypothesen. Das bedeutet, dass eine Beziehung zwischen zwei Variablen in der Form angenommen wird, dass die Ausprägung von Variable A mit der Ausprägung einer Variable B zusammenhängt. Das am häufigsten verwendete Verfahren zur Modellierung dieses Zusammenhangs ist die lineare Regression, die auch die Grundlage für die Mehrebenenanalyse darstellt. Die Grundidee dieses Verfahrens ist der Versuch, einen linearen Zusammenhang zwischen einer unabhängigen Variable (der erklärenden Variable) – hier das Interesse (X) – und der abhängigen Variable (der zu erklärenden Variable) – hier die Schulleistung (Y) – zu bestimmen. In einer Formel ausgedrückt, lässt sich dies wie folgt beschreiben:

$$Y_{ij} = \beta_{0j} + \beta_{1j}\left(X_{1ij}\right) + e_{ij}. \tag{1.2}$$

Wenn sich das Interesse positiv auf die Schulleistung auswirkt, sollte β_{1j} einen positiven Wert annehmen, der signifikant von null verschieden ist. Bei der Mehrebenenanalyse geht man davon aus, dass man für diesen linearen Zusammenhang jeweils unterschiedliche Parameter in verschiedenen Schulklassen finden kann. Das wird in der Formel dadurch ausgedrückt, dass jeweils der Index j an die Bestandteile der Formel angefügt wird. Abb. 1.4 verdeutlicht dies am Beispiel von vier Schulklassen.

Für jede Schulklasse gibt es eine eigene Gerade, die den Zusammenhang zwischen Interesse und Schulleistung beschreibt. In allen Schulklassen geht ein höheres Interesse mit einer besseren Schulleistung einher. Das beschreibt bereits Gl. 1.2, wenn Y die Schulleistung und X das Interesse ist. Vergleicht man jetzt die Linien zwischen den Schulklassen, fallen zwei Dinge auf:

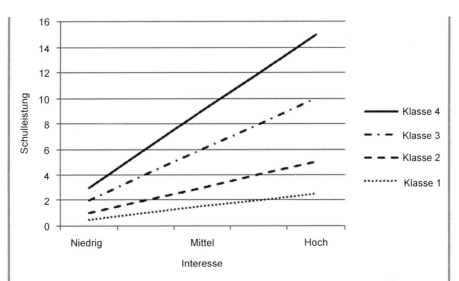

Abb. 1.4 Beispiel Schulleistung, Interesse, und Klassenklima

1. Die Schulklassen scheinen unterschiedliche Leistungsniveaus zu haben, denn die Linien bewegen sich auf unterschiedlichen Niveaus.
2. Die Linien steigen unterschiedlich stark an, das bedeutet, dass der Zusammenhang zwischen Interesse und Schulleistung zwischen den Schulklassen variiert.

Als Forscher möchte man jetzt gerne diese beiden Unterschiede erklären, d. h., man sucht in unserem Beispiel nach erklärenden Variablen auf der Ebene der Schulklasse. Worin unterscheiden sich diese Schulklassen? Was kann uns den Unterschied im Niveau der Schulleistung und den Unterschied im Einfluss des Interesses erklären? Als Hypothese haben wir formuliert, dass das Klassenklima hier wichtig ist. Für unser Beispiel wähle ich eine kaum zulässige Vereinfachung des Begriffs des Klassenklimas, nämlich die Unterscheidung in gutes Klassenklima und schlechtes Klassenklima. Wie in den folgenden Kapiteln gezeigt wird, ist das Klassenklima deutlich komplexer, aber für unsere Vorstellung in unserem Beispiel soll uns die Unterscheidung in gutes und schlechtes Klassenklima genügen.
Der zweite Schritt ist die Überprüfung der Hypothese, ob die Unterschiede im durchschnittlichen Leistungsniveau zwischen den Schulklassen abhängig davon sind, wie gut das Klassenklima eingeschätzt wird. Theoretisch lässt sich gut argumentieren: je besser das Klassenklima, desto effektiver die Lernprozesse und somit die Schulleistung. Das lässt sich wiederum, da es sich um eine Zusammenhangshypothese handelt, durch eine lineare Regressionsgleichung erklären:

$$\beta_{0j} = \gamma_{00} + \gamma_{01}\left(Z_j\right) + u_{0j}. \tag{1.3}$$

Das Z in der Formel ist das Klassenklima. Die Schulleistung innerhalb einer Schulklasse (β_{0j}) wird durch den Gesamtmittelwert der Schulleistung der Stichprobe (γ_{00}), die Ausprägung des Klassenklimas (Z_j) sowie die Restvarianz erklärt. Wenn unsere Hypothese korrekt ist, sollte γ_{01} einen positiven Wert annehmen und sich signifikant von null unterscheiden.

Der dritte Schritt in unserem Beispiel ist die Erklärung der unterschiedlichen Zusammenhänge zwischen dem Interesse und der Schulleistung. In Gl. 1.2 wurde dieser Zusammenhang als β_{1j} berechnet. Nun wollen wir wissen, ob die Unterschiede in β_{1j} (unterschiedlich steil ansteigende Geraden in Abb. 1.4) durch das Schulklima erklärt werden können. Auch hierfür lässt sich eine Regressionsgleichung formulieren:

$$\beta_{1j} = \gamma_{10} + \gamma_{11}\left(Z_j\right) + u_{1j}. \tag{1.4}$$

Der Anstieg der Geraden (β_{1j}) wird durch den durchschnittlichen Zusammenhang zwischen Schulleistung und Interesse in der Gesamtstichprobe (γ_{10}), die Ausprägung des Klassenklimas (Z_j) sowie die Restvarianz vorhergesagt. Wenn unsere Hypothese korrekt ist und der Zusammenhang zwischen Interesse und Schulleistung wirklich stärker ausfällt, wenn das Klassenklima positiv eingeschätzt wird, sollten wir einen signifikant von null verschiedenen positiven Steigungsparameter (γ_{11}) bestimmen können. Damit hätten wir all unsere Annahmen mit der Mehrebenenanalyse überprüft. Natürlich kann man jetzt Gl. 1.2, 1.3 und 1.4 in eine Gesamtformel integrieren. Das Ergebnis wird unsere erste Formel sein. Geht man in aller Ruhe diese drei Schritte auf dem Weg zu dieser Gesamtformel, verliert sie doch einiges von ihrem ursprünglichen Schrecken. Wie schon Professor Krause (inzwischen emeritierter Professor für Allgemeine Psychologie der Friedrich-Schiller-Universität Jena) in einer Einführungsvorlesung für Erstsemester im Jahr 1997 und zu einer deutlich längeren und komplexeren Formel sagte: „Einen großen Geist kann auch eine lange Formel nicht erschüttern." Na dann!

1.5   Wo kommt das Klima her?

Eine weitere wesentliche Frage ist es, welche Ursachen für die Entstehung eines bestimmten Klimas verantwortlich sind. Wenn Sie zum Beispiel die Frage danach stellen, woher eigentlich ein Bildungsklima in einer Gesellschaft kommt, dann sind sie sehr schnell bei geteilten Normen und Werten in einer Gesellschaft. Das Schulklima kann hingegen durch Interaktionen zwischen Lehrerinnen und Lehrern aber auch durch die Zusammensetzung der Schülerschaft in einer Schule bestimmt werden. Unterrichtsklima ist wiederum eingebettet in das Schulklima und wird somit auch durch die in der Schule geteilte Auffassung des Zusammenlebens beeinflusst. Das Klassenklima ist beispielsweise durch die Freundschaftsbeziehungen innerhalb der Schulklasse sehr stark geprägt. Somit wird bei jedem Kapitel die Frage zu beantworten sein, wo gerade diese Klimafacette ihre Ursprünge oder Einflussgrößen hat.

Da sich die Einflussgrößen ebenfalls den Ebenen Makro, Meso und Mikro zuteilen lassen, werden wir diese Einordnung auch in den Kapiteln dazu verwenden.

1.6   Wie kann man Klima messen?

Zuerst müssen Instrumente der Klimaforschung danach unterschieden werden, ob es sich um Fremd- oder Selbsteinschätzungen von Personen handelt. Wie eben beschrieben können hierzu unterschiedliche Informationsquellen herangezogen werden. So kann es sich um die Einschätzungen der Schülerinnen und Schüler zum Klassenklima handeln (Selbsteinschätzung), um die Einschätzung der Lehrerin oder des Lehrers zum Klassenklima (Fremdeinschätzung) oder um die Einschätzung Dritter. Als Erhebungsmethoden werden zumeist Fragebögen eingesetzt. Hierbei ist es möglich, jede Person einer Gruppe (Klasse, Schule, Gesellschaft) zu den interessierenden Merkmalen des Klimas zu befragen. Für das Bildungsklima müssen größere Stichproben befragt werden, z. B. die Bürger Deutschlands. Für die Recherche dieses Buches haben wir aber leider keinen Fragebogen gefunden, der konkret abfragt „Als wie wichtig wird in unserer Gesellschaft Bildung erachtet". Daher werden wir in Kap. 2 auch keinen konkreten Fragebogen erläutern. Es wird eher um Indikatoren gehen, die einen Rückschluss darauf zulassen, wie hoch die Wertschätzung von Bildung in der Bundesrepublik Deutschland ist (z. B. Bildungsausgaben).

Für das Schulklima hingegen gibt es anerkannte Verfahren. In Kap. 3 werden wir z. B. genauer auf den Linzer Fragebogen zum Schul- und Klassenklima (Eder 1998) eingehen. Ein Überblick über internationale Erhebungsverfahren zum Thema „Schulklima" findet sich bei Kohl et al. (2013). Hinsichtlich Klassenklima (Kap. 4) und Unterrichtsklima (Kap. 5) werden wir die Landauer Skalen zum Sozialklima (von Saldern und Littig 1987) besprechen, die Merkmale beider Klimadimensionen abbilden. Zudem werden wir in Kap. 5 das CLASS-Instrument (Pianta et al. 2008a) vorstellen, bei dem es sich um eine Fremdeinschätzung eines Forschers handelt, um Klimamerkmale zu erfassen. Eine detaillierte Aufstellung der Klimainstrumente findet sich in Tab. 1.1.

1.7   Was macht Klima?

Wie bei den Merkmalen des Klimas kann man sich auch die Auswirkungen ebenenspezifisch anschauen. Die Frage „Was macht das?" ist jeweils die zweite Frage, die wir bezüglich der verschiedenen Ebenen des Klimas in diesem Buch

Tab. 1.1 Auswahl an Erhebungsinstrumenten

Instrument	Schulklima	Klassenklima	Unterrichtsklima
LASSO – Landauer Skalen zum Sozialklima (von Saldern und Littig 1987)	☺	☺	☺
LFSK – Linzer Fragebogen zum Schul- und Klassenklima (Eder 1998)	☺	☺	☺
SCS – School Climate Survey (Haynes et al. 1994)	☺		
OCI – Organizational Climate Index (Hoy et al. 2002)	☺		
CES – Classroom Environment Scale (Moos und Trickett 1974)		☺	☺
Classroom Atmosphere Ratings (Solomon et al. 1988)		☺	☺
CLASS – Classroom Assessment Scoring System (Pianta et al. 2008a)			☺

stellen. Die Bedeutsamkeit eines guten Klimas zeigt sich darin, dass es sich sowohl auf schulbezogene als auch schulübergreifende Kompetenzen auswirken kann. Nehmen wir beispielsweise die Kreativität. Kreativität ist von verschiedenen situationalen Bedingungen abhängig. Wenn Sie im Hochsommer bei 40 °C mit kaputter Klimaanlage im Stau stehen, werden Sie vermutlich auch nicht sonderlich kreativ sein können. Auch Leistungen und Fähigkeiten (z. B. Kreativität) hängen stark von umgebenden oder klimatischen Bedingungen ab. Das ist der größere Rahmen, unter dem wir Klima im schulischen Kontext betrachten wollen. Es umgibt die Schülerinnen und Schüler und bestimmt so akademische Leistungen und Entwicklungen mit.

In unserem Buch werden nicht nur Bereiche des schulischen Lern- und Leistungsverhaltens angesprochen, sondern auch außerschulische Fähigkeiten wie soziale Verhaltensweisen thematisiert. Auf welche Weise Merkmale des Klimas Einfluss auf die Entwicklung von Kindern und Jugendlichen haben können, wird im Folgenden beispielhaft skizziert. Auch hier sollen nur Grobkategorien angesprochen werden, auf denen ein Effekt des Klimas zu finden sein könnte. Nicht alle Ebenen werden für alle diese erläuterten Kategorien Effekte zeigen können.

Motivation
Die Förderung der Motivation ist ein zentrales Anliegen schulischer Umwelten, da Motivation ein zentraler Indikator für Lern- und Leistungsverhalten ist. Einflüsse von Klimamerkmalen auf die Motivation lassen sich sowohl für das Klassenklima (z. B. Reindl et al. 2015) als auch für das Unterrichtsklima (z. B. Reyes et al. 2012) finden.

Leistung
Wie schon angemerkt wirkt sich die Motivation von Schülerinnen und Schülern auch auf deren Leistungsverhalten aus. Somit ist anzunehmen, dass Klimamerkmale, die Einfluss auf die Motivation haben, auch indirekt die Leistung und somit den Bildungserfolg von Schülerinnen und Schülern mitbestimmen. Sowohl auf der Organisationsebene der Schule (z. B. Bryk und Schneider 2002) als auch auf der des Unterrichts (z. B. Pianta 2008b) zeigen sich Zusammenhänge mit der Leistung.

Selbstkonzept und Selbstwirksamkeit
Schulische Umwelten bieten die Möglichkeit, Rückmeldungen zu der Einschätzung der eigenen Fähigkeiten zu erhalten. Diese Rückmeldungen können von unterschiedlicher Qualität als auch Quantität sein. Hierbei spielen sowohl Lehrpersonen als auch Klassenkameraden als Informationsquellen eine wichtige Rolle. Studien bestätigen diesen Zusammenhang sowohl für Klimamerkmale des Unterrichts (z. B. Satow 1999) als auch der Klasse (z. B. König 2009).

Sozioemotionale Entwicklung
Neben Einflüssen auf Lern- und Leistungsverhalten von Kindern und Jugendlichen haben Klimamerkmale auch Einfluss auf die sozioemotionale Entwicklung. So können sowohl durch Schulen als auch Klassen die Bedürfnisse nach Akzeptanz und sozialer Eingebundenheit der Jugendlichen befriedigt werden und grundsätzlich die Befindlichkeit verbessern. Da Peers in der Adoleszenz eine zunehmend wichtigere Rolle spielen, wird dieser Zusammenhang sehr häufig in Verbindung mit Merkmalen des Klassenklimas berichtet (Ntoumanis et al. 2012). Für das Schulklima lassen sich auch Effekte auf das psychische Wohlbefinden von Lehrerinnen und Lehrern finden (Schaarschmidt und Kieschke 2013).

Toleranz
Schulische Umwelten bieten eine Möglichkeit für die Entwicklung politisch sozialer Orientierungen und Toleranz gegenüber andere Kulturen (vgl. zusammenfassend Noack 2006). Dies wird durch eine gemeinsame Werte- und

Normenkultur unterstützt. Studien zeigen dies insbesondere für das Unterrichtsklima (Gniewosz und Noack 2008).

1.8   Wie wird das Klima prima?

Die letzte Frage, die wir in den einzelnen Kapiteln jeweils erörtern werden, ist die nach den Einflussmöglichkeiten auf das Klima. Was kann man tun, damit das Klassen-, das Unterrichts-, das Schul- und auch das Bildungsklima besser werden? Auf manchen Ebenen, beispielsweise der Unterrichts- oder der Klassenebene, wird man mehr Einflussmöglichkeiten haben als beispielsweise auf der Ebene des Bildungsklimas, da dies die gesamte Gesellschaft betrifft. In der Folge sind in Anlehnung an Götz et al. (2008) einige wenige Vorschläge kurz andiskutiert.

Bildungsklima
Für die Veränderung des Bildungsklimas eines Landes wie Deutschland können politische als auch mediale Maßnahmen dienen. Durch die Einbindung der Öffentlichkeit kann der Stellenwert von Bildung wieder in die allgemeine Diskussion kommen und dessen Wichtigkeit thematisiert werden. So kann die Bedeutung von Bildung einen höheren Stellenwert erreichen.

Schulklima
Auf institutioneller Ebene einer Schule gehen Veränderungen mit der Schulleiterin bzw. dem Schulleiter einher. Strukturelle Veränderungen, wie die Gestaltung des Schulgebäudes, aber auch die Einbindung der Lehrkräfte in Entscheidungsprozesse, können ein unterstützendes und positives Klima zwischen den Lehrkräften fördern.

Klassenklima
Auf dieser Ebene können Lehrkräfte durch spezielle Programme Schüler-Schüler-Beziehungen fördern, aber auch selbst Vorbild für die Vermittlung von Normen und Werten sein. So kann der richtige Umgang mit Schülerinnen und Schülern direkt über Instruktionen vermittelt werden (Gruppenregeln) als auch indirekt Maßnahmen ergriffen werden, positive Interaktionen zwischen den Schülerinnen und Schülern zu fördern (z. B. durch kooperative Lernformen).

Unterrichtsklima
Zur Verbesserung instruktionaler Maßnahmen der Lehrpersonen sollten Fortbildungen besucht werden, damit innovative Lehr- und Lernformen eingesetzt

werden können. Neben instruktionalen Maßnahmen sollten sich Lehrpersonen auch in psychologischer Hinsicht über den Entwicklungsstand ihrer Schülerinnen und Schüler informieren und somit gemäß deren entwicklungsbedingten Bedürfnissen darauf eingehen können.

Fazit

Das Klima ist ein weites Feld. Mit diesem Satz könnten wir genauso gut das Buch beenden. Wir möchten Sie als Leserin oder Leser aber zu Beginn dieses Buches auf diese Tatsache aufmerksam machen und versuchen, den Klimabegriff etwas zu strukturieren und mit Leben zu füllen. Wichtig dabei ist, dass es nicht den *einen* Klimabegriff gibt. Es ist immer zu berücksichtigen, auf welcher Ebene Klima betrachtet wird: Gesellschaft, Schule oder Klasse. Weiterhin ist wichtig, dass es sich bei Klima um eine subjektive Wahrnehmung von Merkmalen handelt. Ob dabei ein Klima als positiv oder negativ eingeschätzt wird, hängt immer mit eigenen Erwartungen bzw. Bedürfnissen zusammen. Weiterhin zeigen sich Einflüsse auf die Entwicklung von Schülerinnen und Schülern, die allerdings immer im Zusammenhang mit den spezifischen Klimamerkmalen betrachtet werden müssen. Somit hat nicht das komplette Klassenklima (was immer das auch sein mag) beispielsweise Einfluss auf die Motivation, sondern immer nur spezifische Merkmale eines Klassenklimas.

Literatur

Bryk, A. S., & Schneider, B. L. (2002). *Trust in schools: A core resource for improvement*. New York: Russell Sage Foundation Publications.

Eder, F. (1996). *Schul- und Klassenklima*. Innsbruck: Studienverlag.

Eder, F. (1998). *Linzer Fragebogen zum Schul- und Klassenklima für die 8.–13.-Klasse (LFSK 8–13) – Handanweisung*. Göttingen: Hogrefe.

Eder, F. (2002). Unterrichtsklima und Unterrichtsqualität. *Unterrichtswissenschaft*, *30*(3), 213–229.

Eder, F. (2010). Schul- und Klassenklima. In D. H. Rost (Hrsg.), *Handwörterbuch Pädagogische Psychologie* (S. 694–703). Weinheim: Psychologie Verlags Union.

Fend, H. (2008). *Neue Theorie der Schule* (2. Aufl.). Wiesbaden: Verlag für Sozialwissenschaften.

Gniewosz, B., & Noack, P. (2008). Classroom climate indicators and attitudes towards foreigners. *Journal of Adolescence*, *31*(5), 609–624. doi:10.1016/j.adolescence.2007.10.006.

Götz, T., Frenzel, A. C., & Pekrun, R. (2008). Sozialklima in der Schule. In W. Schneider & M. Hasselhorn (Hrsg.), *Handbuch der Pädagogischen Psychologie* (S. 503–514). Göttingen: Hogrefe.

Haynes, N. M., Emmons, C. L., & Corner, J. P. (1994). *School Climate Survey: Elementary and middle school version*. New Haven: Yale University, Child Study Center, School Development Program.

Hox, J. J. (2002). *Multilevel Analysis: Techniques and Applications*. Mahwah: Lawrence Erlbaum.

Hoy, W. K., Smith, P. A., & Sweetland, S. R. (2002). The development of the organizational climate index for high schools: Its measure and relationship to faculty trust. *The High School Journal*, *86*(2), 38–49. doi:10.1353/hsj.2002.0023.

Kohl, D., Recchia, S., & Steffgen, G. (2013). Measuring school climate: an overview of measurement scales. *Educational Research*, *55*(4), 411–426. doi:10.1080/00131881.2013.844944.

König, J. (2009). Klassenklima und schulbezogene Hilflosigkeit in den Jahrgangsstufen 8 und 9. *Zeitschrift für Pädagogische Psychologie*, *23*(1), 41–52. doi:10.1024/1010-0652.23.1.41.

Leitz, I. (2015). *Motivation durch Beziehung*. Wiesbaden: Springer VS.

Moos, R. H., & Trickett, E. J. (1974). *Classroom environment scale manual*. Palo Alto: Consulting Psychologists Press.

Noack, P. (2006). Politisch-soziale Einstellungen Jugendlicher in Abhängigkeit von familialen und schulischen Bedingungen – Ausgewählte Ergebnisse zur Ausländerfeindlichkeit. In A. Ittel & H. Merkens (Hrsg.), *Interdisziplinäre Jugendforschung* (S. 73–88). Wiesbaden: VS.

Ntoumanis, N., Taylor, I. M., & Thøgersen-Ntoumani, C. (2012). A longitudinal examination of coach and peer motivational climates in youth sport: Implications for moral attitudes, well-being, and behavioral investment. *Developmental Psychology*, *48*(1), 213–223.

Pekrun, R. (2006). The control-value theory of achievement emotions: Assumptions, corollaries, and implications for educational research and practice. *Educational Psychology Review*, *18*(4), 315–341.

Pianta, R., La Paro, K. M., & Hamre, B. K. (2008a). *Classroom assessment scoring system manual: K–3*. Baltimore, MD: Brookes.

Pianta, R. C., Belsky, J., Vandergrift, N., Houts, R., & Morrison, F. J. (2008b). Classroom effects on children's achievement trajectories in elementary school. *American Educational Research Journal*, *45*(2), 365–397. doi:10.3102/0002831207308230.

Raudenbush, S. W., & Bryk, A. S. (2002). *Hierarchical Linear Models: Applications and Data Analysis Methods. Advanced Quantitative Techniques in the Social Sciences* (2. Aufl.). London: Sage.

Reindl, M., Berner, V.-D., Scheunpflug, A., Zeinz, H., & Dresel, M. (2015). Effect of negative peer climate on the development of autonomous motivation in mathematics. *Learning and Individual Differences*, *38*(1), 68–75. doi:10.1016/j.lindif.2015.01.017.

Reyes, M. R., Brackett, M. A., Rivers, S. E., White, M., & Salovey, P. (2012). Classroom emotional climate, student engagement, and academic achievement. *Journal of Educational Psychology, 104*(3), 700–712. doi:10.1037/a0027268.

Roth, G. (2008). Möglichkeiten und Grenzen von Wissensvermittlung und Wissenserwerb. In R. Caspary (Hrsg.), *Lernen und Gehirn* (S. 54–69). Freiburg: Herder.

Saldern, M., & Littig, K. E. (1987). *Landauer Skalen zum Sozialklima (LASSO).* Weinheim: Beltz.

Satow, L. (1999). Zur Bedeutung des Unterrichtsklimas für die Entwicklung schulbezogener Selbstwirksamkeitserwartungen. *Zeitschrift für Entwicklungspsychologie und Pädagogische Psychologie, 31*(4), 171–179. doi:10.1026//0049-8637.31.4.171.

Schaarschmidt, U., & Kieschke, U. (2013). Beanspruchungsmuster im Lehrerberuf Ergebnisse und Schlussfolgerungen aus der Potsdamer Lehrerstudie. In M. Rothland (Hrsg.), *Belastung und Beanspruchung im Lehrerberuf* (S. 81–97). Wiesbaden: Springer Fachmedien.

Scherer, K. R. (1984). On the nature and function of emotion: A component process approach. In K. R. Scherer & P. Ekman (Hrsg.), *Approaches to emotion* (S. 293–317). Hillsdale: Lawrence Erlbaum.

Schiefele, U. (2009). Motivation. In E. Wild & J. Möller (Hrsg.), *Pädagogische Psychologie* (S. 151–177). Berlin: Springer.

Solomon, D., Watson, M. S., Delucchi, K. L., Schaps, E., & Battistich, V. (1988). Enhancing children's prosocial behavior in the classroom. *American Educational Research Journal, 25*, 527–554.

2

Bildungsklima

2.1 Was ist das?

In unserem Buch orientieren wir uns an dem Rahmenmodell des Sozialklimas in der Schule nach Götz et al. (2008).

> **Bildungsklima** Das Bildungsklima bezieht sich auf die „Wahrnehmungen der bildungsbezogenen Umwelten auf der Makroebene [...] in der betreffenden Gesellschaft [...] (z. B. wahrgenommene gesellschaftliche Wertschätzung von Bildung)" (Götz et al. 2008, S. 506).

Charakteristisch für den Klimabegriff ist in dieser Definition die subjektive Wahrnehmung der Wichtigkeit von Bildung innerhalb einer Gesellschaft. Im Detail geht es um Aussagen, die darauf abzielen, ob Personen denken, dass in der Bundesrepublik Deutschland Bildung ein wichtiges Thema ist. Erstaunlicherweise hat sich die Bildungsforschung damit noch kaum auseinandergesetzt. Auch wenn es vielleicht schwierig erscheint, diese gesamtgesellschaftlichen Charakteristika zu erfassen, stellen diese Prozesse auf der Makroebene wesentliche Rahmenbedingungen für die Ausprägungen auf unteren Organisationsebenen des Bildungssystems, wie Schule und Klassen, dar (Fend 2008) und können Mechanismen auf den unteren Ebenen vorstrukturieren, ermöglichen oder behindern. Um trotz der fehlenden wissenschaftlichen Studien Hinweise auf die Wertschätzung von Bildung in der Gesellschaft zu bekommen, müssen andere Indikatoren dafür herangezogen werden, die eine objektive bzw. die medial vermittelte Wichtigkeit von Bildung in der Gesellschaft ansprechen. Ein Stichwort in diesem Zusammenhang ist der PISA-Schock, der dazu führte, dass nach der ersten PISA-Studie das Thema „Schule und Bildung" wieder mehr diskutiert wurde. Seitdem ist in Deutschland immer wieder von der „Bildungsrepublik" die Rede. Glaubt man den Worten der Bundeskanzlerin, nimmt die Regierung Bildung sehr wichtig und hält es für zentral, Bildung zu fördern. Äußerungen in dieser Weise können ein Indikator dafür sein, inwieweit Bildung einen wichtigen Platz auf der politischen Agen-

© Springer-Verlag GmbH Deutschland 2017
M. Reindl und B. Gniewosz, *Prima Klima: Schule ist mehr als Unterricht*, Kritisch hinterfragt,
DOI 10.1007/978-3-662-50353-9_2

da innerhalb einer Gesellschaft einnimmt und würde somit ein gesellschaftlich geteiltes Bildungsklima widerspiegeln.

Im Jahre 2011 gab es eine große Bürgerbefragung zum Thema „Bildung". Die Befragung „Zukunft durch Bildung – Deutschland will's wissen" wurde von der Strategieberatung Roland Berger Strategy Consultants, der Bertelsmann Stiftung, der *Bild*-Zeitung und der türkischsprachigen Zeitung *Hürriyet* (Roland Berger Strategy Consultants et al. 2011) initiiert und durchgeführt. Vom 14. Februar bis zum 9. März haben sich 480.000 Menschen in Deutschland daran beteiligt. Etwa 130.000 haben den kompletten Fragebogen ausgefüllt. Ein Resultat wird wie folgt beschrieben: „Knapp zwei Drittel der Befragten bezeichnen ‚gute Bildung' bzw. eine ‚gute Ausbildung' für sich persönlich sogar als ‚außerordentlich wichtig'" (S. 4). Die Autorinnen schließen daraus, dass den Deutschen Bildung wichtig ist. Ebenfalls ein Großteil der Befragten gab an, dass sie einen großen Reformbedarf (Kitapflicht, Ganztagsunterricht, Aufhebung des Bildungsföderalismus) im deutschen Bildungssystem sehen. Auch daraus könnte man indirekt auf ein Bildungsklima und die Wichtigkeit von Bildung schließen.

Hervorzuheben ist allerdings, dass es sich um keine wissenschaftliche Studie handelte. Erstens gibt es keine theoretische Einordnung. Zweitens ist es eine hochselektive Stichprobe, und damit ist die Studie nicht repräsentativ. Es ist nicht bekannt, wer diesen Fragebogen letztlich ausgefüllt hat. Wahrscheinlich gibt es eine ziemlich starke Verzerrung in Richtung höhere Bildungsschichten und technisch interessierte Leserinnen und Leser. Drittens gibt es keinerlei Vergleichsmöglichkeiten. Man weiß zwar, dass so und so viel Prozent der Befragten Bildung wichtig finden, aber man weiß nicht, ob das viel oder wenig ist. Viertens muss hinterfragt werden, ob die Auftraggeber der Studie eventuell politische Ziele damit verfolgten. Der Grund, warum diese Studie überhaupt in diesem Buch angeführt wird, ist die sehr dünne Forschungslage in diesem Bereich. Es gibt kaum Studien, die in belastbarer Art und Weise die Wichtigkeit von Bildung innerhalb der deutschen Gesellschaft in der Form abbilden, dass sie unserer Klimadefinition entsprechen würden.

❓

Woran kann man mit einer wissenschaftlichen Begründung festmachen, welche Normen und Werte bezogen auf Bildung, Schule oder Unterricht innerhalb einer Gesellschaft geteilt werden?

Hier zeigt sich auch das Problem in der empirischen Forschung zu dieser Frage. Die Untersuchung eines Gegenstands auf der gesamtgesellschaftlichen Analyseebene (hier das Bildungsklima) kann nur dann erfolgen, wenn man Unterschiede zwischen Gesellschaften oder Bildungssystemen finden und somit vergleichen kann. Es macht beispielsweise auch keinen Sinn, Geschlechtsunterschiede nur an einer Stichprobe von Jungen zu untersuchen. Man braucht den Vergleich mit Mädchen. Nach derselben Logik braucht man eben auch Unterschiede im Bildungsklima, die man beobachten und untersuchen kann. Da das Bildungsklima definitionsgemäß innerhalb einer Gesellschaft gleich ist, müsste man Länder oder Nationen miteinander vergleichen, die sich diesbezüglich unterscheiden. Das macht die Forschung sehr aufwendig und teuer. Aber die großen internationalen Vergleichsstudien, wie PISA (Programme for International Student Assessment), IGLU (Internationale Grundschul-Lese-Untersuchung) bzw. PIRLS (Progress in International Reading Literacy Study), DESI (Deutsch Englisch Schülerleistungen International), TIMSS (Trends in International Mathematics and Science Study) oder PIAAC (Programme for the International Assessment of Adult Competencies), könnten hierzu herangezogen werden. Leider steht die Fragestellung nach der Wichtigkeit von Bildung nicht im Fokus dieser Vergleichsarbeiten. Somit haben wir keine direkte Erfassung des Bildungsklimas, da die subjektive Wahrnehmung der Wichtigkeit von Bildung innerhalb einer Gesellschaft kaum erfasst wird. Deshalb müssen wir auf indirekte Indikatoren zurückgreifen. Die folgenden mehr oder weniger objektiven Indikatoren (z. B. Investitionen) sollen helfen, sowohl die sozial geteilte Wertschätzung von Bildung zu beschreiben als auch deren Bedeutung für Lern- und Bildungsprozesse herauszuarbeiten.

Investition in Bildung

Sie kennen vermutlich die Aussage „Was nichts kostet, ist nichts wert". In diesem Abschnitt wollen wir den logisch nicht ganz unangreifbaren Rückwärtsschluss versuchen: Wenn wir uns etwas kosten lassen, dann muss es uns auch etwas wert sein. Also werden wir versuchen, über Investitionen in Bildung auf die Wichtigkeit von Bildung innerhalb einer Gesellschaft zu schließen. Im Zusammenhang mit der Investition in Bildung sind die internationalen Bildungsberichte zentral, wie sie beispielsweise von der Organisation für wirtschaftliche Zusammenarbeit und Entwicklung (OECD) herausgegeben werden. So gibt die Reihe „Bildung auf einen Blick" regelmäßig einen interessanten vergleichenden Überblick über verschiedenste Fragen zu bildungsbezogenen Themen für die Länder der OECD.

Unter den dort untersuchten Indikatoren ist für unsere Fragestellung beispielsweise die Investition in ein Bildungssystem interessant, da diese eng mit der Wichtigkeit von Bildung in einem Land zusammenhängen sollte. Der Schluss, dass Länder, die bildungsbezogenen Fragen einen hohen Stellenwert einräumen, auch mehr in ihr Bildungssystem investieren, scheint an dieser Stelle eine plausible Annahme zu sein. Es ist in diesem Zusammenhang sehr wichtig, keine absoluten Summen zu vergleichen, wie Politiker oder Medien es gerne tun, wenn bestimme Schlussfolgerungen nahegelegt werden sollen. Wenn Deutschland beispielsweise im Jahr 2011 pro Grundschüler in der absoluten Summe etwa genauso viel ausgegeben hat wie Spanien (OECD 2014), deutet das nicht auf die gleiche Wichtigkeit von Bildung in beiden Ländern hin, da wir es mit wirtschaftlich unterschiedlich starken Ländern zu tun haben. Diese absoluten Ausgaben müssen entweder am Bruttoinlandsprodukt des Landes oder am jährlichen Staatshaushalt relativiert werden. Für das Jahr 2011 ergibt sich für die Bundesrepublik Deutschland eine Investitionsquote von 5,1 % des Bruttoinlandsprodukts für Bildung. Vergleicht man diese Quote mit den anderen Ländern innerhalb der OECD, fällt auf, dass Deutschland einen ganzen Prozentpunkt unter dem OECD-Mittelwert von 6,1 % des Bruttoinlandsprodukts liegt. In der gesamten Liste der 34 OECD-Länder finden sich im Jahr 2011 nur fünf (!) Länder mit einer geringeren Quote an Bildungsausgaben als Deutschland. Spanien ist hier beispielsweise nicht dabei. Das ist schon interessant mit Blick auf die Wichtigkeit von Bildung innerhalb der Bildungsrepublik Deutschland.

Allgemeiner Zeitgeist
Ebenfalls auf der gesamtgesellschaftlichen Ebene anzuordnen ist der allgemeine Zeitgeist bezogen auf Bildung, wenngleich dieser empirisch sehr schwer zu fassen ist.

> **Zeitgeist** Im allgemeinen Sprachgebrauch wird Zeitgeist als „[...] für eine bestimmte geschichtliche Zeit charakteristische allgemeine Gesinnung, geistige Haltung" verstanden (Duden 2015).

Ein Aspekt, der für das vorliegende Buch interessant ist, bezieht sich auf die Veränderungen von Bildungsaspirationen in einer Gesellschaft. Bildungsaspirationen sind die von den Jugendlichen oder auch deren Eltern angestrebten Schulabschlüsse oder zu erwerbenden Kompetenzen (Haller 1968). Atanasova (2012) zeigte beispielsweise in ihrer Dissertation anhand der Daten des sozioökonomischen Panels auf, dass der Wunsch der Jugendlichen, das Abitur zu erlangen, über die letzten Jahre deutlich angestiegen ist. Das kann als ein Ausdruck des sich ändernden Zeitgeistes bezogen auf die Bildungsaspirationen verstanden werden. An dieser Stelle sei nur kurz darauf hingewiesen, dass gerade diese Anspruchshaltung an den kritischen Übergängen im schulischen Lebenslauf, beispielsweise am Sekundarschulübertritt, als belastend wahrgenommen wird (Meckelmann 2004; Vierhaus und Lohaus 2007).

Einen anderen Aspekt der Veränderung des bildungsbezogenen Zeitgeistes in den letzten Jahren in unserer Gesellschaft beschreibt Herz (2010). Sie beklagt eine deutlich stärkere Disziplinorientierung und eine höhere Akzeptanz von härteren Sanktionspraktiken in Bildungsinstitutionen. Diese sind Ausdruck von Normen und Werten, die sich auf Schule, Unterricht und Bildung beziehen, und somit Indikatoren des Bildungsklimas. Die Autorin argumentiert, dass Publikationen wie Buebs (2006) *Lob der Disziplin*, die sehr stark auf eine härtere Sanktionspraxis oder eine stärkere Betonung der Disziplin abstellen, diese Veränderung im Bildungsklima verdeutlichen. Inwieweit diese Entwicklungen in einer Gesellschaft geteilt werden, muss im gesellschaftlichen Diskurs ausgehandelt werden.

Gesetze, Verordnungen und Vorschriften

Gesetze, Verordnungen und Vorschriften sind Ausdrucksweisen des Bildungsklimas. Diese, gelten für alle Menschen in einer Gesellschaft, und sind somit auch auf der Makroebene anzusiedeln (Kulow 2009). Bereits im Grundgesetz Art. 7 Abs. 1 wird festgelegt: „Das gesamte Schulwesen steht unter der Aufsicht des Staates." Es wird vorgeschrieben, dass der Staat die wesentlichen Rahmenbedingungen für Schule und Unterricht setzt. Diese verfassungsrechtliche Norm ist die Grundlage aller weiteren Gesetze, Normen und Vorschriften, die für Schule und Unterricht formuliert werden. Weiterhin ist im Grundgesetz geregelt, dass die meisten Gesetze, die die Schule betreffen, in der Hoheit der Bundesländer liegen (mit einigen wenigen Ausnahmen). Diese Vorschriften und Normen sind auch Gegenstand öffentlicher Diskussion geworden. Beispielsweise ist in den letzten Jahren die Diskussion aufgekommen, schrittweise auf ein Zentralabitur hinzuarbeiten (Aktionsrat Bildung 2011). Diese steht, wenn man es genau betrachtet, mit dem im Grundgesetz verankerten Kulturföderalismus im Widerspruch, da ein Zentralabitur in die landeshoheitliche Gesetzgebungskompetenz eingreift. Es bleibt also abzuwarten, inwieweit sich der Bildungsföderalismus schrittweise zu einem Bildungszentralismus entwickeln wird. Diese verstärkte Diskussion über das Thema „Zentralabitur" kann als Ausdruck des Bildungsklimas verstanden werden. Hieran zeigt sich, dass dieses Thema wieder an Bedeutung gewonnen hat.

Interessant sind auf dieser Makroebene auch die Schulgesetze der Bundesländer. In ihnen werden in aller Regel auch Normen und Werte, die innerhalb eines Bundeslandes in die Bildung und Erziehung von jungen Menschen einfließen sollen, verankert. Somit ist jetzt nicht mehr die gesamte Bundesrepublik Deutschland die soziale Bezugsgröße für das Makrosystem. Die Bürgerinnen und Bürger der Bundesländer selbst bilden wiederum eine soziale Gemeinschaft, in denen sich geteilte Normen und Werte finden. Als Beispiel soll das Bayerische Gesetz über das Erziehungs- und Unterrichtswesen

(BayEUG) dienen. In Art. 1 wird zum Bildungs- und Erziehungsauftrag festgelegt:

> Oberste Bildungsziele sind Ehrfurcht vor Gott, Achtung vor religiöser Überzeugung, vor der Würde des Menschen und vor der Gleichberechtigung von Männern und Frauen, Selbstbeherrschung, Verantwortungsgefühl und Verantwortungsfreudigkeit, Hilfsbereitschaft, Aufgeschlossenheit für alles Wahre, Gute und Schöne und Verantwortungsbewusstsein für Natur und Umwelt. Die Schülerinnen und Schüler sind im Geist der Demokratie, in der Liebe zur bayerischen Heimat und zum deutschen Volk und im Sinn der Völkerversöhnung zu erziehen (BayEUG, Art. 1 Abs. 1).

Die identische Formulierung steht in der bayerischen Landesverfassung in Art. 131 Abs. 1, und ähnliche Formulierungen finden sich auch in den Lehrplänen der Bundesländer.

In der Landesverfassung, den Schulgesetzen sowie den Lehrplänen finden also bereits geteilte Normen und Werte der Gesellschaft Ausdruck. Diese gehen für Schule und Unterricht verpflichtend in die Lehrpläne und somit auch in Interaktionsprozesse innerhalb der Schule als auch Klasse mit ein.

2.2   Was macht das?

Das Modell von Fend (2008), das eine Organisationshilfe für dieses Buch ist, liefert auch den wesentlichen Anhaltspunkt dafür, inwieweit das Bildungsklima in der Gesellschaft überhaupt eine wichtige Rolle spielt. Hierbei wird versucht, über Indikatoren des Bildungsklimas für geteilte Werte und Normen, wie sie zuvor beschrieben wurden, Auswirkungen auf gesamtgesellschaftliche Prozesse, aber auch auf schulische und klassenspezifische Prozesse zu erklären.

Schulsystem (Makroebene)

Fasst man nun das Bildungsklima als die bildungsbezogenen Werte in einer Gesellschaft auf, so hat das Folgen darauf, wie ein Schulsystem organisiert wird. Es gibt also direkte Auswirkungen auf dieser Makroebene. Man kann sich verschiedene Modelle vorstellen, wie Schule eine optimale Förderung des Individuums gewährleisten könnte. Auf der einen Seite existiert das gegliederte Schulsystem, beispielsweise die klassische Aufteilung in Hauptschule, Realschule und Gymnasium. In etlichen Bundesländern gab es in den letzten Jahren Versuche von Strukturreformen, um von dieser klassischen dreigliedrigen Strukturierung abzukommen. Eine andere Form der Strukturierung der Sekundarschule ist beispielsweise das Gesamtschulsystem, in dem alle Schülerinnen und Schüler auch nach der Grundschulzeit gemeinsam unterrichtet werden. Die großen internationalen Vergleichsstudien haben gezeigt, dass soziale Ungleichheiten gerade in Schulsystemen mit einer sehr strikten Gliederung und einer geringen Durchlässigkeit häufiger vorkommen.

Insbesondere für Deutschland findet sich im Bildungssystem ein sehr großes Ausmaß an sozialer Ungleichheit (Ditton und Maaz 2015). Das bedeutet, dass die Herkunftsfamilie und deren ökonomische Ressourcen oder die Bildungsabschlüsse der Eltern einen großen Einfluss darauf haben, welche Kompetenzen oder welche Abschlüsse Schülerinnen und Schüler erwerben können. In diesem Zusammenhang ist aber darauf hinzuweisen, dass die Schule einen Selektionsauftrag hat (Fend 2008). Das bedeutet, dass die Schule die Heranwachsenden gemäß ihren Kompetenzen verschiedenen Bildungsgängen und somit auch unterschiedlichen beruflichen Karrieren zuordnen soll. Das entspricht dem Meritokratieprinzip in unserer Gesellschaft. Dieses Prinzip besagt, dass sich bessere Leistungen durchsetzen sollen, und ist somit ein Wert in unserer Gesellschaft. Aber wie und in welchen Ausmaß durch die Schule sortiert wird, kann jederzeit in einer Gesellschaft politisch ausgehandelt werden.

Damit eng verbunden ist die Frage nach Chancengleichheit im Bildungssystem. Das heißt, das Bildungsklima in einer Gesellschaft (bildungsbezogene Normen und Werte) bestimmt diese politischen Entscheidungsprozesse mit. Man könnte indirekt von der Ungleichheit in einem Bildungssystem auf das Bildungsklima in einer Gesellschaft schließen. Für Deutschland würde das bedeuten, dass die Normen und Werte in unserer Gesellschaft ein Schulsystem, das mit großen sozialen Ungleichheiten einhergeht, zumindest billigen. Die Werte bestimmen somit die Struktur des Schulsystems.

Bruttoinlandsprodukt (Makroebene)

Es gibt auch einen ökonomischen Aspekt der Betrachtung des Bildungsklimas innerhalb einer Gesellschaft. Wie später noch genauer beschrieben wird, besteht eine Verbindung zwischen dem Bildungsklima und der Qualität von Schule und Unterricht in einer Gesellschaft. Eine effektivere, eine bessere oder eine erfolgreichere Organisation von Schule und Unterricht findet sich in den Gesellschaften, in denen Bildung als wichtig eingeschätzt wird. Ein interessanter Zusammenhang zwischen der Qualität von Bildung als Folge der gesellschaftlichen Investitionen in das Bildungssystem und der Entwicklung des Bruttoinlandsprodukts wird seit einigen Jahren von Bildungsökonomen (Wirtschaftswissenschaftlern, die sich mit ökonomischen Fragen im Umfeld von Bildung beschäftigen) untersucht. Das Bruttoinlandsprodukt ist der Gesamtwert aller Güter, aller Waren und Dienstleistungen, die innerhalb eines Jahres in einer Volkswirtschaft hergestellt wurden.

Hanushek und Woessmann (2007) haben in ihrer Studie im Zeitraum zwischen 1960 und 2000 die Entwicklung des Bruttoinlandsprodukts von 50 Ländern miteinander verglichen und kamen zu dem interessanten Befund, dass die Länder, die über ein sehr gutes, effektives und somit erfolgreiches Bildungssystem verfügten, in dem betrachteten Zeitraum von 40 Jahren einen stärkeren Anstieg des Bruttoinlandsprodukt aufwiesen als Länder mit einer geringeren Qualität des Bildungssystems, d. h., je höher die Qualität des Bildungssystems in einem Land ist, desto stärker steigt das Bruttoinlandsprodukt über die Zeit an.[1]

Die Ergebnisse der Studie bedeuten für die Fragestellung dieses Buches, dass ein positives Bildungsklima, das mit politischen und ökonomischen Entscheidungen einhergeht, zu einem Anstieg der Investitionen in das Bildungssystem führt. Dies wiederum wirkt sich positiv auf die Qualität des Bildungssystems aus. In einem nächsten Schritt steigt durch die höheren Kompetenzen, die in den Bildungsinstitutionen erworben werden können, die Effektivität des Wirtschaftssystems in einer Gesellschaft. Diese Steigerung könnte beispielsweise wieder in das Bildungssystem reinvestiert werden.

Man kann, und manche würden sagen, man muss, dieser ökonomischen Betrachtung von Bildung kritisch gegenüberstehen. Dies hat durchaus seine Berechtigung, da die Argumentation, die der ökonomischen Betrachtungsweise häufig zugrunde liegt, die Akteure sowie die Schülerinnen und Schüler im Bildungssystem allein als Humankapital einer Gesellschaft im ökonomischen Sinne betrachtet. Aus einem bildungsökonomischen Blickwinkel ergibt diese Betrachtungsweise Sinn, aber aus pädagogischer und psychologischer Perspektive greift sie zu kurz, da der Mensch nicht allein als eine Art Wirtschaftsgut einer Organisation oder einer Gesellschaft gesehen werden kann – von ethischen und moralischen Problemen, einen Menschen allein auf seine ökonomische Funktion zu reduzieren, einmal abgesehen. Auf der anderen Seite ist diese Art der Argumentation auf einer politischen Ebene vielleicht erfolgversprechender, wenn es darum geht, in einer Gesellschaft Investitionen in das Bildungssystem oder den Stellenwert von Bildung allgemein auszuhandeln. Betrachtet man politische Entscheidungsprozesse in den letzten Jahren, fällt auf, dass vorrangig über wirtschaftlich orientierte Argumente Entscheidungen durchgesetzt und umgesetzt wurden. Somit können diese bildungsökonomisch herausgearbeiteten Argumente wiederum dazu verwendet werden,

---

[1] Auf die Schwierigkeiten und Probleme dieser Studie, beispielsweise in der Operationalisierung von Qualität des Bildungssystems durch die durchschnittliche Testleistung, oder auch Schwierigkeiten in der Aussagefähigkeit des Bruttoinlandsprodukts für die Leistungsfähigkeit einer Gesellschaft möchte ich an dieser Stelle nicht näher eingehen.

der Bildung einer Gesellschaft einen höheren Status einzuräumen und somit notwendige Investitionen in das Bildungssystem zu ermöglichen.

Bildungsmonitoring (Makroebene)
Als eine Folge der gesellschaftlich ausgehandelten Entscheidungen, wie man ein Bildungssystem organisiert, könnte man die Art und Weise, in der ein Bildungsmonitoringsystem in einer Gesellschaft implementiert wird, auffassen. Bildungsmonitoring hat das Ziel, Ergebnisse und Bedingungen von Schule und Unterricht aufzuzeigen (Bos et al. 2010). Gesellschaften, für die Bildung einen hohen Stellenwert hat, sollten also einen größeren Wert darauf legen, Strategien für eine regelmäßige Überprüfung zu entwickeln und umzusetzen. In solchen Bildungsmonitoringstudien werden Fragen nach den Bildungszielen, den Randbedingungen von Schule und Unterricht, Leistungen von Schülerinnen und Schülern regelmäßig und systematisch empirisch untersucht. In Deutschland beispielsweise gibt es eine Gesamtstrategie zum Bildungsmonitoring, die im Jahr 2006 von der Kultusministerkonferenz (KMK) verabschiedet wurde und drei Säulen beinhaltet:

1. Internationale Schulleistungsstudien (z. B. PISA, IGLU, TIMSS),
2. Nationale Schulleistungsstudien (z. B. KMK-Ländervergleiche),
3. Vergleichsarbeiten oder Lernstandserhebungen (VERA).

Die Bildungsmonitoringstrategien können sich international deutlich unterscheiden. Einen interessanten Überblick gibt die Arbeit der Arbeitsgruppe Internationale Vergleichsstudie (2007) im Rahmen der PISA-Studie. Hier werden beispielsweise die Maßnahmen zur Qualitätssicherung zwischen den Bildungssystemen in Kanada, England, Finnland, Frankreich, Schweden und den Niederlanden verglichen. Die Art und Weise, wie in einer Gesellschaft die Qualität des Bildungssystems überprüft und sichergestellt wird, folgt auch dem Stellenwert, den Bildung innerhalb dieser Gesellschaft einnimmt. Mit regelmäßigen standardisierten Überprüfungen von Schülerleistungen ist es möglich, das Bildungssystem zu steuern. Erzielen die Schülerinnen und Schülern gute Leistungen, wird man auf dem eingeschlagenen Weg weiter voranschreiten. Findet man stattdessen schlechtere Leistung als erwartet vor, wird man versuchen, die Gründe dafür herauszufinden und diese zu beseitigen. Die Hinweise auf die Effektivität eines Bildungssystems erlangt man hier also durch die Überprüfung der Resultate. Dieses Modell wird auch Outputsteuerung genannt.

An dieser Stelle bleibt festzuhalten, dass in Deutschland in den letzten Jahren eine Veränderung der Vorstellung, wie Bildung organisiert werden soll (als Teil des Bildungsklimas), hin zu einer Überprüfbarkeit der Qualität oder einer sogenannten Accountability der Akteure im Bildungssystem stattfand. Alle Maßnahmen, Projekte und Interventionen wurden auf das Ziel ausgerichtet, am Ende ein positives Ergebnis vorweisen zu können. Diese Entwicklung hin zu einer Outputsteuerung im Bildungssystem wurde in Deutschland mehrfach kritisiert (z. B. Hopmann et al. 2007). Ein Kritikpunkt ist beispielsweise, dass sich dieser ständige Evaluationsdruck in den Institutionen des Bildungssystems negativ auf die Qualität von Schule und Unterricht auswirken kann. Bekannte Probleme sind beispielsweise, dass Lehrerinnen und Lehrer ihren Unterricht eher auf erfolgreiche Tests oder Evaluationen ausrichten als auf die vermittelten Inhalte des Unterrichts. Dieses Phänomen ist als Teaching to the Test bekannt. So werden beispielsweise im Unterricht typische Aufgaben, wie sie in PISA-Test verwendet werden, geübt. Das ist ein konkretes Beispiel für einen Bildungsklimaeffekt auf der gesamtgesellschaftlichen Ebene, der sich bis auf die Mikroebene (Unterricht, Teaching to the Test) auswirkt.

Dezentrale Steuerung der Schule (Mesoebene)
In Abschn. 2.1 wurden Regelungen hinsichtlich der zentralen oder eher föderalen Steuerung von Bildungsprozessen erwähnt. Eine Weiterentwicklung in diesem Zusammenhang ist, dass den Schulen in den letzten Jahren deutlich mehr Kompetenzen und Entscheidungsmöglichkeiten übertragen wurden. Diese Entwicklung wird in den verschiedenen Bundesländern häufig unter dem Begriff „autonome Schule" diskutiert. Wurden früher beispielsweise Stundentafeln der Lehrerinnen und Lehrer bzw. fachspezifische Stundentafeln in verschiedenen Klassenstufen zentral vorgegeben, werden den Schulen heute deutlich mehr Freiräume gelassen, flexibel mit diesen Determinanten des Unterrichts umzugehen. Eine solche Entwicklung wäre vor 100 Jahren in Deutschland kaum möglich gewesen, da das Bildungssystem zu diesem Zeitpunkt viel stärker von dem Wunsch nach zentraler Kontrolle und Überprüfung geprägt war, als es heute der Fall ist. Erst diese Veränderungen gesellschaftlicher Vorstellung von Steuerung im Bildungssystem als Teil des Bildungsklimas haben diesen Schritt zur Autonomie der Einzelschule ermöglicht.

Qualität von Schule und Unterricht (Mesoebene)
Darüber hinaus beeinflusst das Bildungsklima in einer Gesellschaft nicht nur die Formen der Interaktion zwischen Lehrpersonen und Lernenden, sondern auch die Qualität von Schule und Unterricht, wie es in den gängigen Theorien zu Schule und Schulqualität (Ditton und Müller 2015; Scheerens und Bosker 1997) formuliert wird.

Das Modell von Ditton und Müller (2015) soll hier etwas genauer betrachtet werden, um deutlich zu machen, wie die Qualität von Schule und Unterricht durch das Bildungsklima in einer Gesellschaft geprägt wird. Nicht alle Bestandteile werden genau beschrieben, sondern nur die, bei denen ein klarer Bezug zum Bildungsklima hergestellt werden kann. Ditton und Müller beschreiben in ihrem Modell (Abb. 2.1) Voraussetzungen (Input), primäre Merkmale und Prozesse sowie Ergebnisse (Output). In der Folge werden einige Bestandteile des Modells herausgegriffen und in Bezug zum Bildungsklima diskutiert.

Voraussetzungen (Input)
Zu diesen Voraussetzungen zählen außerschulische Bedingungen (Punkt 1 in Abb. 2.1), wie die finanzielle, materielle, strukturelle und personelle Ausstattung einer Schule. Hier wird auf den ersten Blick sichtbar, dass beispielsweise die Finanzierung des Bildungssystems als Indikator des Bildungsklimas, wie sie auf Bundes- oder Landesebene beschlossen und durchgesetzt wurde, die Rahmenparameter dafür, was in der Schule umgesetzt werden kann, determiniert. Ein optimaler Unterricht kostet Geld. So lapidar diese Aussage auf den ersten Blick erscheinen mag, ist sie doch wesentlich für die Qualität von Schule und Unterricht. In einem chronisch unterfinanzierten System sind gut ausgebildete Lehrkräfte, die technische Ausstattung von Schulen und moderne Unterrichtsformen auf einem qualitativ hohen Niveau kaum umsetzbar. Die Ausstattung einer Schule mit Finanzen, mit Personal, aber z. B. auch einer Schulbibliothek hängt, so zeigen Studien, mit den schulischen Leistungen der Schülerinnen und Schüler zusammen (Glewwe et al. 2011). Wie viel Geld in ein Bildungssystem investiert wird, ist, wie bereits beschrieben, Ausdruck der allgemeinen Einschätzung von Wert und Wichtigkeit von Bildung (Bildungsklima).

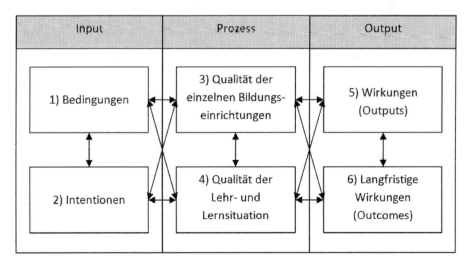

Abb. 2.1 Modell der Schulqualität. (Nach Ditton und Müller 2015)

Ebenfalls zu den Voraussetzungen von Unterrichtsprozessen zählen die Intentionen (Punkt 2 in Abb. 2.1), die in dem Modell als Bildungsziele im Sinne von Lehrplänen oder eben auch Bildungsstandards, wie sie in den letzten Jahren formuliert wurden (Köller 2015), verstanden werden. Dies kann man als veränderte Ziele im Bildungssystem in Richtung Outputsteuerung auffassen, wie sie bereits angesprochen wurden. Das Ziel des Bildungssystems soll heutzutage ein messbarer Kompetenzerwerb sein. Welche Kompetenzen erworben werden sollen, ist in den Bildungsstandards dargelegt, die vom Institut für Qualitätssicherung im Bildungssystem in Berlin für die Hauptfächer und verschiedenen Altersstufen erarbeitet werden (Köller 2015). Diese Bildungsstandards, d. h. die Ziele, die Schule und Unterricht erreichen sollen, sind von den gesamtgesellschaftlichen Normen und Werten abhängig. Die Formulierung oder Änderung dieser Standards ist ein politischer Prozess, in dem Wissenschaft, Politik, Wirtschaft und alle wesentlich beteiligten Institutionen (wie bspw. die, Verbände, Initiativen etc.) mit eingebunden werden. Das bedeutet, dass diese Standards oder Ziele durchaus anpassungsfähig an sich verändernde Normen und Werte innerhalb einer Gesellschaft sind.

Primäre Merkmale und Prozesse
Der zweite Bestandteil des Modells zu Qualität von Schule und Unterricht beschreibt die Qualität der einzelnen Bildungseinrichtungen (Punkt 3 in Abb. 2.1) sowie die Qualität der Lehr- und Lernsituationen (Punkt 4 in Abb. 2.1) und betrifft die Institutionsebene (Welches pädagogische Programm wird umgesetzt? Wie werden Lehrerinnen und Lehrer fortgebildet? Wie gut wird die Schule verwaltet? Wie gut kooperieren Lehrerinnen und Lehrer in der Institution einerseits untereinander und andererseits mit den Eltern der Schülerinnen und Schüler?), aber auch den Unterricht (Wird der Lehrstoff dem Alter der Schülerin oder des Schülers und der Situation angemessen vermittelt?). Auch an dieser Stelle wird wieder deutlich, dass gesamtgesellschaftliche Vorstellungen davon, was eine gute Schule ausmacht oder was guter Unterricht ist, und somit die Normen und Werte einer Gesellschaft Einfluss auf diese Fragenkomplexe nehmen können. An diesem Punkt werden bereits Themen angesprochen, die in den folgenden Kapiteln diskutiert werden. Die Ausgestaltung des Schulklimas sowie des Unterrichts- und Klassenklimas müssen aber hier bereits mitbedacht werden, da sich makrosoziale Normen und Werte auf die Normen und Werte der untergeordneten Hierarchieebenen auswirken. Hier sei an den Zeitgeist bezüglich einer starken Disziplinorientierung verwiesen.

Ergebnisse (Output)
Der dritte Modellbestandteil umfasst die kurzfristigen (Outputs, Punkt 5 in Abb. 2.1) sowie die langfristigen (Outcomes, Punkt 6 in Abb. 2.1) Auswirkungen der Interaktionen in Schule und Unterricht. Hier soll wieder auf die Bildungsmonitoringstrategie verwiesen werden. Um einen Eindruck der Qualität bzw. der Effektivität eines Bildungssystems zu erlangen, müssen die Wirkungen, sowohl die kurzfristigen als auch die langfristigen, überprüft werden. Die Entscheidung, ein systematisches Monitoringsystem aufzusetzen und zu implementieren ist von gesellschaftlichen Vorstellungen darüber, wie die Effektivität und Qualität eines Bildungssystems gemessen werden soll, geprägt. Das wiederum ist Teil des Bildungsklimas. Die finanziellen Mittel, die hierfür notwendig sind, müssen in einem demokratischen Prozess beschlossen werden und sind somit durch gesamtgesellschaftliche Vorstellungen beeinflusst.

Qualifikation der Lehrkräfte (Mesoebene)
Betrachtet man die großen Veränderungen im deutschen Bildungssystem der letzten Jahre, ist ein Einfluss des veränderten Bildungsklimas auf die Lehramtsausbildung erkennbar. Wie bereits erwähnt, hat sich in den letzten Jahren eine Änderung des Bildungsklimas in Richtung einer ökonomischen Sichtweise auf das Bildungssystem herauskristallisiert. In diesem Zusammenhang kann man feststellen, dass Werte wie Autonomie der Einzelschule, Evaluationen, Profil- und Schwerpunktbildung sowie Effektivität und Rationalisierung als Stichworte des Bildungsklimas nach und nach deutlicher in den Vordergrund getreten sind. Das wird durchaus auch negativ bewertet (z. B. Kolbe und Combe 2008). Dennoch führte diese Entwicklung, die auch durch PISA ausgelöst wurde, dazu, dass die Lehrerbildung wieder stärker in den Fokus der öffentlichen Diskussionen getreten ist. In der Folge wurde verstärkt diskutiert, welche Kompetenzen von Lehrerinnen und Lehrern erwartet werden.

Was macht eine gute Lehrerin bzw. einen guten Lehrer aus?

Antworten auf diese Fragen liefern Kompetenzmodelle. Hier gibt es in letzter Zeit einige interessante Entwicklungen, wie beispielsweise das COAC-TIV-Kompetenzmodell von Baumert und Kunter (2011). Um es kurz zu umreißen, beinhaltet dieses Modell Vorstellungen über das Fachwissen, das fachdidaktische Wissen, das pädagogisch psychologische Wissen, das Organisationswissen sowie das Beratungswissen als Teile des Professionswissens, aber auch Überzeugungen, motivationale Orientierung und Selbstregulationsfähigkeiten von Lehrerinnen und Lehrern. Die Ausformulierung klarer Ansprüche und Vorstellungen an die Lehramtsausbildung ist ein wesentlicher

Schritt dafür, entscheiden zu können, ob eine Lehramtsausbildung erfolgreich oder nicht erfolgreich durchlaufen wurde. Eine weitere Diskussion in diesem Zusammenhang betrifft ein mögliches Auswahlverfahren zum Zugang zum Lehramtsstudium (Thementeil in der Zeitschrift für Pädagogik, Rothland und Terhart 2011). Wenn klar formuliert wird, welche Kompetenzen erworben werden sollen, lassen sich im Optimalfall auch Vorläuferfähigkeiten identifizieren, die es erlauben, geeignete Kandidatinnen und Kandidaten für das Lehramtsstudium vorab zu identifizieren. Allerdings steckt die Entwicklung von Eingangstests auch im Jahr 2016 immer noch in den Kinderschuhen, und es hat sich erwiesen, dass es gar nicht so einfach ist, Charakteristika zu beschreiben, die ein erfolgreiches Lehramtsstudium vorhersagen können.

Erfahrungsmöglichkeiten für Schülerinnen und Schüler (Mikroebene)
Als ein Indikator des Bildungsklimas wurde bereits die Gliederung des Schulsystems beschrieben. Diese Gliederung hat Auswirkungen auf die Erfahrungsmöglichkeiten der Individuen. Je nach Gliederungsform werden die Erfahrungen, die Schülerinnen und Schüler machen können, vorstrukturiert. Beispielsweise variieren Lernerfahrungen, soziale Kontakte oder der Austausch zwischen Schülerinnen und Schülern mit und ohne Migrationshintergrund dahingehend, ob sie in einem inklusiven Gesamtschulsystem stattfinden, in dem alle Schülerinnen und Schüler gemeinsam unterrichtet werden, oder in einem gegliederten Schulsystem, das häufig Disparitäten in Bezug auf den sozialen Hintergrund der Eltern aufweist (Ditton und Maaz 2015).

Eltern-Schule-Kooperation (Mikroebene)
In den Schulgesetzen der Länder ist auch der Austausch zwischen den Eltern, der Schule und den Lehrkräften, sprich die Eltern-Schule-Kooperation, gesetzlich geregelt. Um beim Beispiel Bayern zu bleiben: In Abschnitt IX des bayerischen Erziehungs- und Unterrichtsgesetzes wird in den Artikeln 64–68 die Elternvertretung geregelt. Diese Gesetze sind Ausdruck der sozial geteilten Vorstellungen, inwieweit Eltern mit in die Bildungsprozesse ihrer Kinder eingebunden werden sollten. Hierbei handelt es sich wieder um Normen und Werte, die sich auf Bildung beziehen und somit Teil des Bildungsklimas sind. Gäbe es ein Bildungsklima, das Bildung- und Erziehungsprozesse vollständig den Schulen zuschreibt, wären solche Austauschprozesse zwischen den Familien und den Schulen gesetzlich vermutlich ausgeschlossen. Wie uns die aktuelle Forschung zeigt, ist diese Kooperation zwischen der häuslichen und schulischen Umwelt ein wichtiger Baustein erfolgreicher Bildungskarrieren von Schülerinnen und Schülern (z. B. Pomerantz et al. 2007).

Disziplinorientierung der Lehrkraft (Mikroebene)
Wie bereits beschrieben wurde, ist in den letzten Jahren eine Entwicklung hin zu einer stärkeren Disziplinorientierung zu beobachten. Diese gesellschaftliche Entwicklung kann sich direkt im Unterrichtsverhalten von Lehrerinnen und Lehrern niederschlagen.

Ebenso wurde deutlich, dass es jeweils gesetzlich bindende Vorgaben für die Interaktionen in der Schule gibt. Aus einer historischen Perspektiver heraus kann man hier als Beispiel die Disziplinorientierung in einer Gesellschaft betrachten. In der Bundesrepublik Deutschland bestand bis zum Jahr 1973 ein Züchtigungsrecht für Lehrerinnen und Lehrer in der Schule, das in Bayern allerdings erst 1983 abgeschafft wurde. In der DDR wurden Körperstrafen bereits im Jahr 1949 verboten. Aufgrund dieses Verbots fiel ein Instrument der autoritären Erziehung der Schule weg. Lehrerinnen und Lehrer mussten neue Arten der Konfliktbewältigung erlernen. Das beeinflusst in beträchtlichem Ausmaß wie Lehrende mit Lernenden umgehen.

Wie viele empirische Studien zu diesem Bereich der Unterrichtsinteraktion gezeigt haben, wirkt sich eine weniger autoritäre Erziehung in Schule und Unterricht deutlich positiv aus. Es gibt eine eindeutige Befundlage, dass sich ein autoritativer Unterrichtsstil (Baumrind 1991) positiver auf Lernprozesse, Lernerfolge sowie das allgemeine Wohlbefinden von Schülerinnen und Schülern auswirkt als ein autoritärer (Wentzel 2002; Kiuru et al. 2012). Ein autoritativer Erziehungsstil ist dadurch geprägt, dass Lehrerinnen und Lehrer annehmend und mit Wärme und emotionaler Zuwendung auf die Bedürfnisse der Schülerinnen und Schüler reagieren, gleichzeitig aber Grenzen setzen und durchsetzen sowie Anforderungen an die Schülerinnen und Schüler stellen.

2.3 Wo kommt das her?

Letztlich bezieht sich diese Frage darauf, wie gesamtgesellschaftliche Normen und Werte entstehen, die ihrerseits wiederum Eingang in Gesetze und Vorschriften innerhalb einer Gesellschaft finden. Zuvor müssen aber die beiden Begriffe „Werte" und „Normen" erläutert werden.

Gesellschaftliche Werte sind allgemeine kulturelle Orientierungsmuster des „Wünschenswerten", somit also ein Ausdruck dessen, was die Mehrheit in einer Gesellschaft als anzustrebende Ziele formulieren würde. Das kann in unserer Gesellschaft z. B. ein möglichst hoher Schulabschluss sein. Das ist ein ziemlich konkreter Wert. Abstraktere Formen von Werten sind beispielsweise Autonomie, verstanden als ein möglichst hoher Grad an Selbstbestimmung im Alltag. Normen hingegen sind Regeln oder Verhaltensrichtlinien für die einzelnen Mitglieder innerhalb einer sozialen Gruppe. Hier wird bereits deutlich, dass Normen als Folge oder als Ausdruck von Werten angesehen werden können. Wenn also innerhalb einer Gesellschaft Autoritätsorientierung, d. h. die Vorstellung, möglichst widerspruchsfrei Anweisungen von Autoritäten umzusetzen, ein wichtiger Wert ist, wird sich das in relativ strengen Vorschriften, die die Interaktion innerhalb einer Schule zwischen Lernenden und Lehrenden regulieren, niederschlagen. Sehr strenge Schulordnungen (Normen) können somit Ausdruck gesellschaftlicher Werte sein.

Um die eigentliche Frage, woher Werte kommen, zu beantworten, könnte man es sich einfach machen und sagen, dass gesellschaftliche Werte und Normen nichts anderes sind als die Summe der individuellen Werte und Normen innerhalb einer Gesellschaft. Diese würden sich in Wahlen oder anderen gesellschaftlichen Willensbildungsprozessen, beispielsweise Volksbegehren (z. B. in Bayern gegen das achtjährige Gymnasium, allerdings erfolglos) ausdrücken.

Ganz so einfach ist es allerdings nicht. An dieser Stelle kann man die viel grundlegendere Frage stellen, ob es überhaupt so etwas wie objektiv geteilte Werte und Normen innerhalb einer Gesellschaft gibt oder ob das, was als Werte und Normen wahrgenommen wird, eine rein subjektive bzw. innerhalb einer kleinen Gruppe konstruierte Realität geteilter Werte ist. An dieser Stelle fällt es schwer, griffige Theorien zu finden. Für die zweite Sichtweise, den Konstruktivismus, kann man beispielsweise den symbolischen Interaktionismus heranziehen (Mead 1934; Blumer 1973). Folgt man Mead und Blumer, kann man davon ausgehen, dass die situationalen Normen und Werte zwischen zwei Personen oder in Gruppen in jeder neuen Situation neu ausgehandelt werden. Was in einer Situation wichtig ist, worauf es ankommt, was der andere erwartet, all das entsteht somit allein durch die Erwartung des handelnden Individuums. Es gibt in dieser Situation also keinerlei objektive Werte.

Was hat das Ganze jetzt mit dem Bildungsklima innerhalb einer Gesellschaft zu tun? Der nächste Schritt ist, dass durch Interaktion mit anderen Personen Verhaltenserwartungen konstruiert werden. Diese werden in dem sogenannten generalisierten Anderen gebündelt. Das ist so etwas wie eine abstrakte Konstruktion des Individuums darüber, wie andere Menschen sind, was sie denken oder welche Erwartungen sie haben. Das kann man nun auch auf die Gesellschaft übertragen.

Wenn es beispielsweise darum geht, im Bundestag über den Etat des Bildungsministeriums zu diskutieren, bringen alle beteiligten Personen ihre eigenen Vorstellungen über den gesellschaftlichen Konsens mit. Das ist ein Beispiel für den generalisierten Anderen. Aus dieser radikalen theoretischen Perspektive heraus gibt es keine objektiv geteilten Normen und Werte in einer Gesellschaft, sondern nur Konstruktionen des Individuums über diese geteilte Realität (Normen und Werte). Weniger radikale Formen des Konstruktivismus gehen zumindest davon aus, dass es innerhalb einer Gruppe von Menschen, d. h. einer überschaubaren Anzahl von Individuen, geteilte Normen und Werte gibt. Um bei dem Beispiel des Bundestags zu bleiben, könnte man davon ausgehen, dass beispielsweise die CDU/CSU-Fraktion einen Grundstock geteilter Werte aufweist. Über diese Werte hat man sich in Fraktionssitzungen oder in informellen Gesprächen verständigt. Hier gibt es also eine Gruppe von Menschen, die Normen und Werte teilen. Ich gebe zu, dies ist eine sehr verkürzte Vorstellung von konstruktivistischen Positionen in der Debatte um Normen und Werte. Ich hoffe allerdings, dass es etwas zum Verständnis der Problematik beigetragen hat, die mit der Frage nach den Quellen von Normen und Werten innerhalb einer Gesellschaft einhergeht. Es handelt sich dabei letztlich um einen Bottom-up-Prozess: Individuelle Konstruktionen (von unten) beeinflussen das sozial geteilte Klima.

Man kann sich aber den Prozess, in dem ein Bildungsklima entsteht, auch anders vorstellen. In den bislang beschriebenen Absätzen lag der Fokus darauf, wie Werte von dem Individuum auf die Makroebene, also auf die Ebene der gesamten Gesellschaft, aggregiert werden. Das kann aber auch andersrum geschehen. Es können auch auf der sozialgeteilten Ebene Ereignisse stattfinden, die ihrerseits die subjektiven Wahrnehmungen der Bürgerinnen und Bürger eines Landes bezüglich der Wichtigkeit von Bildung beeinflussen. Ein Beispiel ist der bereits angesprochene PISA-Schock. Die PISA-Studie hatte unzweifelhaft vielfältige Folgen (Prenzel et al. 2013). Diese umfänglich darzustellen, würde den Rahmen dieses Buches sprengen. Der inzwischen weit verbreitete Begriff des PISA-Schocks, der die eher panische Reaktion der deutschen Politik und Gesellschaft auf das unerwartet mittelmäßige Abschneiden der deutschen Schülerinnen und Schüler beschreibt, ist in diesem Zusammenhang hochinteressant. Bildung, Schule und Schulleistung rückten stärker in den öffentlichen Fokus. Man könnte sagen, dass das Interesse und die wahrgenommene Wichtigkeit dieses Themas zu Beginn der 2000er-Jahre deutlich anstiegen (Tillmann et al. 2008), übrigens nicht nur in Deutschland (für Österreich vgl. Fuhrmann 2009). Das Bildungsklima veränderte sich. In der Folge wurde auch medial die Wichtigkeit von Bildung transportiert. Man konnte beobachten, dass auch die Bürgerinnen und Bürger, wenn sie nach ihrer Meinung gefragt wurden, Bildung wichtig fanden. Das gesamtgesellschaftliche Bildungsklima hat sich also auf die einzelnen Individuen ausgewirkt. Somit haben wir es mit veränderten individuellen Konstruktionen zu tun. Das ist ein Top-down-Prozess: Änderungen auf der gesellschaftlichen Ebene beeinflussen die anderen Ebenen wie Schule, Klasse und letztlich das Individuum.

Wenn man sich jetzt vorstellt, dass beide beschriebenen Prozesse ineinandergreifen, wird ein Kreislauf deutlich: Das Bildungsklima beeinflusst das Individuum. Das Individuum konstruiert eine sozial geteilte Wirklichkeit. Diese konstruierte sozial geteilte Wirklichkeit beschreibt den Entstehungsprozess eines Bildungsklimas. Somit verstärken sich die Top-down- und Bottom-up-Prozesse wechselseitig.

2.4   Wie kann ich das beeinflussen?

Eng mit der Frage nach der Herkunft von Werten und Normen verknüpft, ist die Frage nach der Beeinflussbarkeit des Bildungsklimas. Da es sich hier um makrosystemische Strukturen und Prozesse handelt, ist es sehr schwer, als Individuum Einfluss darauf zu nehmen. Natürlich kann man als Einzelperson versuchen, Bürgerbegehren, die sich zum Ziel setzen, Strukturen und Gesetze innerhalb einer Gesellschaft zu verändern, anzustoßen. Ebenso ist es möglich, über eine Mitarbeit in Parteien und Verbänden aktiv zu versuchen, politische Entscheidungsprozesse mitzubestimmen. In einer demokratischen Gesellschaft ist es selbstverständlich auch möglich, über Wahlen zu versuchen, die Bildungspolitik eines Landes mitzubestimmen.

Wissenschaftlerinnen und Wissenschaftler geben sich gerne der Vorstellung hin, über ihre Forschung in Form von Studien, Aufsätzen, Büchern etc. Einfluss auf die Ideen und die Gedanken, die ein Bildungssystem steuern sollten, auszuüben. Betrachtet man aber den Einfluss der Wissenschaft auf bildungspolitische Entscheidungen, fällt auf, dass dieser meist sehr gering ausfällt. Das hat verschiedene Gründe. Beispielsweise funktionieren Wissenschaft und Politik nach unterschiedlichen Entscheidungslogiken. Die Wissenschaft ist letztlich auf der Suche nach methodisch sauber begründeten Aussagen über Bildungsprozesse und -strukturen. Das Ziel ist, möglichst „wahre" Aussagen zu treffen. Diese Aussagen sollten aus wissenschaftlicher Sicht die einzigen Kriterien sein, die für bildungspolitisch relevante Vorschläge akzeptiert werden sollen. In der Bildungspolitik hingegen ist dies nur eine Stimme unter vielen. Auch andere Kriterien wie beispielsweise ökonomische Umsetzbarkeit oder Kongruenz mit dem politischen Zeitgeist sind in diesen Entscheidungen relevant (ausführlicher bei Reinders et al. 2015).

Eine wichtige Institution des bundesdeutschen Bildungssystems, die sich auch mit Veränderungen im System befasst, ist die Ständige Konferenz der Kultusminister (KMK). Ihre Aufgabe ist es, nachteiligen Effekten des Bildungsföderalismus wie mangelnder Vergleichbarkeit von Abschlüssen oder unterschiedlichen Lehrplänen usw. entgegenzuwirken, indem koordinierend und standardisierend eingegriffen wird. Auch die bereits besprochene Strategie zum Bildungsmonitoring wurde durch die KMK beschlossen und auf den Weg gebracht. Über die KMK besteht somit die Möglichkeit, veränderte Vorstellungen über die Organisation von Schule und Unterricht auf politischer Ebene umzusetzen und Beschlüsse aus den jeweiligen Bundesländern in eine gesamtgesellschaftliche Diskussion einzubringen, um somit Einfluss zu nehmen.

Eine weitere, wenngleich moralisch problematischere Option, wäre es, die Weltrevolution oder zumindest eine auf ein Land beschränkte Revolution auszurufen, um damit direkt ein Einfluss auf die geteilten Normen und Werte zu nehmen.

Aus individueller Perspektive gestaltet es sich also sehr schwer, direkt Einfluss auf das Bildungsklima auszuüben. Wir werden in den folgenden Kapiteln sehen, dass der Gestaltungsspielraum des Schul-, Klassen- oder Unterrichtsklimas deutlich stärker durch ein Individuum oder eine kleine Gruppe von Menschen beeinflusst werden kann als das Bildungsklima innerhalb einer Gesellschaft.

Fazit

Wenn man über Klima im schulischen Kontext nachdenkt, wird das Bildungsthema in einer Gesellschaft nicht der allererste Gedanke sein. Dennoch spielen die gesamtgesellschaftlichen Rahmenbedingungen in Bezug auf die Wichtigkeit von Bildung und Schule eine wesentliche Rolle. Diese Vorstellungen innerhalb einer Gesellschaft bilden also den Rahmen, in dem einerseits alle anderen Klimaebenen eingebettet sind und andererseits die für die akademische Entwicklung von Schülerinnen und Schüler wichtigen Prozesse ablaufen.

Wir haben in diesem Kapitel gesehen, dass es sehr schwer ist, das Bildungsklima empirisch abzubilden. Insbesondere wenn wir uns auf die Definition von Klima als Wahrnehmung der Wichtigkeit von Bildung innerhalb einer Gesellschaft beziehen, wird deutlich, welche Herausforderungen damit verbunden sind. Aus theoretischer Sicht ist klar, dass diese Rahmenbedingungen von großer Wichtigkeit sind. Für die Forschung heißt das allerdings, dass noch große Anstrengungen vonnöten sind, um sich auch in empirischen Studien ein Bild von den Auswirkungen dieser Ebene des Klimas machen zu können. Interessant ist für diese Dimension ebenfalls die politische Perspektive, denn die Wichtigkeit von Schule und Unterricht innerhalb einer Gesellschaft ist hochpolitisch und immer mit Auseinandersetzungen und demokratischen Aushandlungsprozessen verbunden. Nach PISA wurde deutlich, wie ideologisch aufgeladen diese Diskussionen sein können. Es bleibt also theoretisch, praktisch wie auch gesellschaftlich-politisch einiges zu tun, um sich dem Begriff und der Wichtigkeit des Bildungsklimas innerhalb einer Gesellschaft anzunähern.

Literatur

Aktionsrat Bildung (2011). *Gemeinsames Kernabitur Zur Sicherung von nationalen Bildungsstandards und fairem Hochschulzugang*. Münster: Waxmann.

Arbeitsgruppe Internationale Vergleichsstudie (2007). *Vertiefender Vergleich der Schulsysteme ausgewählter PISA-Teilnehmerstaaten: Kanada. England, Finnland, Frank-*

reich, Niederlande, Schweden. Bildungsforschung, Bd. 2. Berlin: Bundesministerium für Bildung und Forschung.

Atanasova, V. (2012). *Bildungsintentionen und Bildungsverläufe von Jugendlichen und jungen Erwachsenen.* Würzburg: Julius-Maximilians-Universität Würzburg.

Baumert, J., & Kunter, M. (2011). Das Kompetenzmodell von COACTIV. In M. Kunter, J. Baumert, W. Blum, U. Klusmann, S. Krauss & M. Neubrand (Hrsg.), *Professionelle Kompetenz von Lehrkräften. Ergebnisse des Forschungsprogramms COACTIV* (S. 29–53). Münster: Waxmann.

Baumrind, D. (1991). *Parenting styles and adolescent development. Encyclopedia of adolescence* (2. Aufl.). New York: Garland.

Blumer, H. (1973). Der methodologische Standort des Symbolischen Interaktionismus. In *Alltagswissen, Interaktion und gesellschaftliche Wirklichkeit* (Bd. I, S. 80–101). Reinbek bei Hamburg: Rowohlt.

Bos, W., Postlethwaite, T. N., & Gebauer, M. (2010). Potenziale, Grenzen und Perspektiven internationaler Schulleistungsforschung. In R. Tippelt & B. Schmidt (Hrsg.), *Handbuch Bildungsforschung* (S. 275–295). Wiesbaden: VS.

Bueb, B. (2006). *Lob der Disziplin: Eine Streitschrift.* Berlin: Ullstein.

Ditton, H., & Maaz, K. (2015). Sozioökonomischer Status und soziale Ungleichheit. In H. Reinders, H. Ditton, C. Gräsel & B. Gniewosz (Hrsg.), *Empirische Bildungsforschung* (S. 229–244). Wiesbaden: VS.

Ditton, H., & Müller, A. (2015). Schulqualität. In H. Reinders, H. Ditton, C. Gräsel & B. Gniewosz (Hrsg.), *Empirische Bildungsforschung* (S. 121–134). Wiesbaden: VS.

Duden (2015). Stichwort Zeitgeist. http://www.duden.de/rechtschreibung/Zeitgeist. Zugegriffen: 14.12. 2015.

Fend, H. (2008). *Neue Theorie der Schule* (2. Aufl.). Wiesbaden: VS.

Fuhrmann, S. (2009). *Bildung im Spiegel österreichischer Tageszeitungen – Eine kommunikationswissenschaftliche Untersuchung bildungsrelevanter Inhalte unter besonderer Berücksichtigung der Berichterstattung über PISA.* unveröffentlichte Magisterarbeit, Universität Wien.

Glewwe, P. W., Hanushek, E. A., Humpage, S. D., & Ravina, R. (2011). *School resources and educational outcomes in developing countries: A review of the literature from 1990 to 2010.* NBER Working Paper, Bd. 17554. Cambrigde: National Bureau of Economic Research.

Götz, T., Frenzel, A. C., & Pekrun, R. (2008). Sozialklima in der Schule. In W. Schneider & M. Hasselhorn (Hrsg.), *Handbuch der Pädagogischen Psychologie* (S. 503–514). Göttingen: Hogrefe.

Haller, A. O. (1968). On the concept of aspiration. *Rural sociology, 33*(4), 484–487.

Hanushek, E. A., & Woessmann, L. (2007). *The Role of Education Quality for Economic Growth.* World Bank Policy Research Working Paper, Bd. 4122. Washington: World Bank.

Herz, B. (2010). Neoliberaler Zeitgeist in der Pädagogik: Zur aktuellen Disziplinarkultur. In M. Dörr & B. Herz (Hrsg.), *„Unkulturen" in Bildung und Erziehung* (S. 171–189). Wiesbaden: VS.

Hopmann, S. T., Brinek, G., & Retzl, M. (Hrsg.). (2007). *PISA zufolge PISA.* Wien, Berlin, Münster: LIT.

Kiuru, N., Aunola, K., Torppa, M., Lerkkanen, M.-K., Poikkeus, A.-M., Niemi, P., Viljaranta, J., Lyyra, A.-L., Leskinen, E., Tolvanen, A., & Nurmi, J.-E. (2012). The role of parenting styles and teacher interactional styles in children's reading and spelling development. *Journal of School Psychology, 50*(6), 799–823.

Kolbe, F.-U., & Combe, A. (2008). Lehrerbildung. In W. Helsper & J. Böhme (Hrsg.), *Handbuch der Schulforschung* (S. 877–901). Wiesbaden: VS.

Köller, O. (2015). Standardsetzung im Bildungssystem. In H. Reinders, H. Ditton, C. Gräsel & B. Gniewosz (Hrsg.), *Empirische Bildungsforschung* (S. 197–212). Wiesbaden: Springer Fachmedien.

Kulow, A.-C. (2009). Rechtliche Rahmenbedingungen: Kulturföderalismus und Schulaufsicht. In S. Blömeke, T. Bohl, L. Haag, G. Lang-Wojtasik & W. Sacher (Hrsg.), *Handbuch Schule: Theorie – Organisation – Entwicklung* (S. 191–197). Bad Heilbrunn: Julius Klinkhardt.

Mead, G. H. (1934). *Mind, self and society: from the standpoint of a social behaviorist.* Oxford: Univ. Chicago Press.

Meckelmann, V. (2004). In *Schulwechsel als kritisches Lebensereignis und die Entwicklung des Selbstkonzeptes bei Jugendlichen. Psychologie in Erziehung und Unterricht, 51*(4), 273–284.

OECD (2014). *Education at a Glance 2014 – OECD Indicator.* Paris: OECD Publishing.

Pomerantz, E. M., Moorman, E. A., & Litwack, S. D. (2007). The how, whom, and why of parents' involvement in children's academic lives: More is not always better. *Review of Educational Research, 77*(3), 373–410.

Prenzel, M., Sälzer, C., Klieme, E., & Köller, O. (Hrsg.). (2013). *PISA 2012 – Fortschritte und Herausforderungen in Deutschland.* Münster, New York, München, Berlin: Waxmann.

Roland Berger Strategy Consultants, Bertelsmann Stiftung, BILD, & Hürriyet (2011). Zukunft durch Bildung – Deutschland will's wissen. Ergebnisse der Online-Bürgerbefragung. http://www.bildung2011.de/download/Ergebnisse-der-Online-Buergerbefragung.pdf

Reinders, H., Gräsel, C., & Ditton, H. (2015). Praxisbezug Empirischer Bildungsforschung. In H. Reinders, H. Ditton, C. Gräsel & B. Gniewosz (Hrsg.), *Empirische Bildungsforschung* (S. 259–272). Wiesbaden: VS.

(2011). Eignungsabklärung angehender Lehrerinnen und Lehrer. *Zeitschrift für Pädagogik, 57*(5).

Scheerens, J., & Bosker, R. J. (1997). *The foundations of educational effectiveness*. Oxford/New York: Pergamin.

Tillmann, K., Dedering, K., Kneuper, D., Kuhlmann, C., & Nessel, I. (2008). Die PISA-Studie im bildungspolitischen Prozess – ein Fazit. In K. Tillmann, K. Dedering, D. Kneuper, C. Kuhlmann & I. Nessel (Hrsg.), *PISA als bildungspolitisches Ereignis* (S. 377–400). Wiesbaden: VS.

Vierhaus, M., & Lohaus, A. (2007). Das Stresserleben während der Grundschulzeit als Prädiktor für die Bewertung des Schulübergangs von der Grundschule zur weiterführenden Schule. *Unterrichtswissenschaft, 35*(4), 296–311.

Wentzel, K. R. (2002). Are effective teachers like good parents? Teaching styles and student adjustment in early adolescence. *Child Development, 73*(1), 287–301.

3

Schulklima

3.1 Was ist das?

Man könnte ein Kapitel zum Schulklima nicht viel trivialer anfangen als mit der Beschreibung der Schule als ein komplexes System. Aber so ist es nun einmal, denn mindestens drei Aspekte sind wichtig, um das Schulklima zu verstehen:

1. Die Schule ist ein Lernkontext für die Schülerinnen und Schüler. In diesem Zusammenhang sind alle Aspekte wichtig, die Lernprozesse fördern oder auch behindern können. Viele dieser Inhalte werden in Kap. 5 behandelt.
2. Die Schule ist auch ein sozialer Interaktionsrahmen für Kinder und Jugendliche, in dem nicht allein schulische Kompetenzen erlernt und ausprobiert werden können, sondern ebenfalls Prozesse der Identität- und Persönlichkeitsentwicklung ablaufen (Kap. 4).
3. Die Schule ist aber auch ein Arbeitsplatz für Lehrerinnen und Lehrer.

Das Rahmenmodell für dieses Buch bildet, wie bereits erwähnt, das Modell von Götz et al. (2008). Die Autoren beziehen sich explizit auf das Modell von Ferdinand Eder (2002), der einer der großen Helden der Schulklimaforschung ist. Götz et al. (2008, S. 506) schreiben: „Auf der Mesoebene ist das Schulklima (engl. school climate) anzusiedeln. Dabei handelt es sich um die wahrgenommene Umwelt in der Schule als ganzer Institution (z. B. An unserer Schule fühlen sich alle wohl)".

Eine etwas weitergehende begriffliche Annäherung versucht das American National School Climate Center (o.J.) und definiert das Schulklima als „die Qualität und das Wesen des Schullebens", und weiter heißt es: „Das Schulklima stützt sich auf die Erfahrungen der Schülerinnen und Schüler, der Eltern sowie des Schulpersonals im Schulleben und spiegelt sich in Normen, Zielen, Werten, Beziehungen zwischen Menschen, Lehr- und Lernpraktiken sowie organisatorischen Strukturen wider."

An dem Punkt wird wieder sichtbar, dass Klima als eine Eigenschaft des Gesamtsystems aufgefasst werden muss. Klima lässt sich nicht allein aus der Perspektive einer Personengruppe verstehen oder beschreiben. Am Schulleben

© Springer-Verlag GmbH Deutschland 2017
M. Reindl und B. Gniewosz, *Prima Klima: Schule ist mehr als Unterricht*, Kritisch hinterfragt,
DOI 10.1007/978-3-662-50353-9_3

sind viele Menschen aktiv beteiligt. Alle Beteiligten: – die Schülerinnen und Schüler, die Eltern sowie die Lehrerinnen und Lehrer – tragen mit allen ihren subjektiven Wahrnehmungen des Schullebens zu einem geteilten Schulklima bei.

Im deutschsprachigen Bereich war Helmut Fend (1977), ein weiterer Superstar der frühen Schulklimaforschung, einer der ersten Forscher, die sich mit diesem Thema auseinandergesetzt haben. Er beschreibt drei wesentliche Dimensionen des Schulklimas:

1. Inhalte (Erwartungen, Werte in der Schule, z. B. Leistungsdruck, Disziplindruck),
2. Interaktionen (Formen des Umgangs zwischen den Akteuren und deren wechselseitige Beeinflussung, insbesondere Kontrolle, Mitbestimmungsmöglichkeiten, Argumentationsformen),
3. Soziale Beziehungen (emotionale Qualität, Arten der Konfliktaustragung) zwischen allen am Schulklima beteiligten Personen.

Man kann diese drei Dimensionen mit der Frage „Wer interagiert mit wem (Interaktionen) in welcher Weise (soziale Beziehungen) worüber (Inhalte)?" zusammenfassen.

In den darauffolgenden Jahren gab es immer wieder aktualisierte Ausformulierungen dessen, was Schulklima sein soll. Diese zugegeben etwas abstrakte Dreiteilung nach Fend findet sich in den allermeisten Modellen zum Schulklima jedoch wieder. An dieser Stelle soll noch ein weiteres Modell berichtet werden. Thapa et al. (2013) fassten in ihrem Überblicksartikel einen Großteil der internationalen Literatur der letzten Jahre zusammen und kommen letztlich zu fünf Kategorien, von denen die ersten drei als beschreibende Charakteristika für das Schulklima angesehen werden können. Die letzten beiden beziehen sich einerseits auf den objektiven Schulentwicklungsprozess und andererseits auf die objektive Schulumgebung. Da diese beiden wenig mit der subjektiven Wahrnehmung und somit mit der hier im Buch verwendeten Klimadefinition zu tun haben, werden sie hier nicht erwähnt.

1. *Sicherheit:* Das Bedürfnis nach physischer Sicherheit ist eines der zentralen Bedürfnisse des Menschen (Maslow 1943). Wenn die Schule als ein Kontext wahrgenommen wird, in dem dieses Bedürfnis erfüllt wird, ist das auch die notwendige Voraussetzung für alle weiteren Prozesse, beispielsweise Lernen oder soziale Interaktionen mit anderen Schülerinnen und Schülern, erfüllt. Das bedeutet natürlich, dass jegliche Formen von Gewalt in der Schule verhindert werden müssen, denn wenn man sich um seine eigene Sicherheit Sorgen machen muss, ist es schier unmöglich, sich auf den Unterricht oder

das Lernen zu konzentrieren. Hierbei geht es aber nicht nur um physische Gewalt, sondern auch um psychische oder relationale Gewaltformen, wie sie beispielsweise beim Mobbing auftreten (Scheithauer et al. 2007).

Gewalt an Schulen, in welcher Form auch immer, ist wiederum ein Phänomen auf der Systemebene, zu dem viele Akteure beitragen – nicht nur die Schülerinnen und Schüler, sondern auch die Lehrerinnen und Lehrer sowie die Eltern. Die Schule kann mithilfe von Regeln und Normen für ein Gefühl der Sicherheit im Schulalltag sorgen.

2. *Beziehungen:* Zu unterscheiden sind horizontale und vertikale Beziehungen. Horizontal sind Beziehungen entweder zwischen Schülerinnen und Schülern (s. auch Klassenklima) oder zwischen Lehrerinnen und Lehrern, d. h., die Statusebene bleibt die gleiche. Es handelt sich um eine Art soziale Unterstützung (Schülerinnen und Schüler helfen sich beispielsweise gegenseitig bei den Hausaufgaben; Kolleginnen und Kolleginnen planen gemeinsam einen Aufstand gegen die als inkompetent wahrgenommene Schulleitung). Neben diesen horizontalen Beziehungen sind aber auch vertikale Beziehungen von Bedeutung. Als vertikal werden Beziehungen zwischen den Lehrerinnen und Lehrern einerseits und den Schülerinnen und Schülern andererseits bezeichnet, d. h., die Statushierarchien werden überschritten. In diesem Zusammenhang ist von Bedeutung, inwieweit die Schülerinnen und Schüler sich von dem Lehrpersonal fair behandelt fühlen. Die Wahrnehmung von Ungerechtigkeit durch die Schülerinnen und Schüler kann nämlich ein starkes Hemmnis von Bildungsprozessen in der Schule sein (Dalbert 2013).

Ein weiteres Merkmal ist die gefühlte Verbundenheit mit der Schule (*school connectedness*). Wenn Schülerinnen und Schüler sich als Teil der Schulgemeinschaft wahrnehmen und das Gemeinschaftsgefühl positiv bewerten, ist das Teil des Schulklimas. Da hier alle Akteure innerhalb der Schule beteiligt sind, handelt es sich sowohl um Vertikal- als auch Horizontalbeziehungen. Eng damit verbunden ist das Engagement der in der Schule aktiv handelnden Personen. Auch das bezieht sich auf die Ebene der Schule und die Bereitschaft, Zeit und Energie in das Zusammenleben zu investieren. Auf die vertikale Ebene bezogen, wird hier der von der Schulleitung praktizierte Führungsstil gegenüber den Lehrerinnen und Lehrern, aber auch gegenüber den Schülerinnen und Schülern betrachtet.

Ein ebenfalls wichtiger Aspekt sind die Beziehungen zwischen Schülerinnen und Schülern bzw. Lehrerinnen und Lehrern bezogen auf die soziale und ethnische Herkunft bzw. generell der Umgang mit Heterogenität und Andersartigkeit in der Schule. Wichtige Fragen sind hier beispielsweise, wie in der Schule mit Flüchtlingskindern umgegangen wird, ob sie in den alltäglichen Schulalltag integriert sind oder in einzelnen Klassen separiert unterrichtet werden oder ob die Lehrerinnen und Lehrer über die notwendigen Kompetenzen im Umgang mit Kindern, deren Muttersprache nicht Deutsch ist, verfügen.

Von vielen Autoren wird die Kooperation zwischen den Eltern und der Schule als ein zentraler Beziehungsaspekt des Schulklimas herausgestellt. Auch diese Interaktion, die man als schulische Elternarbeit auffassen kann, ist durch die Wahrnehmung des Kontexts mit bedingt (Vodafone Stiftung Deutschland 2013). Inwieweit erscheint den Eltern eine Mitarbeit als Teil der Schulgemeinschaft von der Schule erwünscht bzw. inwieweit nehmen die Lehrerinnen und Lehrer wahr, dass Eltern an der akademischen Entwicklung ihrer Kinder teilhaben wollen? Es geht also einerseits um die Bereitschaft der Eltern und andererseits um eine Willkommens- oder Begegnungskultur in der Schule. Die Art und Weise, wie der Austausch zwischen Eltern und Lehrkräften stattfindet, ist somit Teil des Schulklimas.

3. *Lehren und Lernen:* Im Zusammenhang mit der Schule wird man an diesen beiden Begriffen nicht vorbeikommen. Schließlich ist es ja auch das, was in der Schule passieren soll. Hierunter fallen viele Bereiche, die auch für das Klassen- und Unterrichtsklima relevant sind. Wie bereits beschrieben sind diese Hierarchieebenen des Klimas nicht voneinander unabhängig. Die Rahmenbedingungen, die durch das Schulklima für das Lehren und Lernen gesetzt wurden, beeinflussen ebenfalls die darunterliegenden Ebenen des Klimas, also das Klassen- und Unterrichtsklima. Wenn beispielsweise in der gesamten Schule ein sehr hoher Leistungsdruck wahrgenommen wird, wird dieser sehr wahrscheinlich in den allermeisten Schulklassen und in den allermeisten Unterrichtssituationen ähnlich wahrgenommen. Außerdem sind diese Rahmenbedingungen nicht allein für das kognitive Lernen ausschlaggebend, sondern, wie später noch beschrieben wird, auch für das soziale und das staatsbürgerliche Lernen sowie die Werteerziehung.

?

Wie kann man das Schulklima messen?

Ein weit verbreitetes Instrument zur Messung des Schulklimas ist im deutschsprachigen Raum der Linzer Fragebogen zum Schul- und Klassenklima (Eder 1998). Für unseren Bereich des Schulklimas erfasst dieser Fragebogen vier Inhaltsbereiche:

1. Strenge und Kontrolle,
2. Anregung und Vielfalt,
3. Wärme,
4. Beurteilung von Leistung.

Für jeden dieser Bereiche werden mehrere Aussagen vorgegeben, zu denen die Schülerinnen und Schüler ihre Einschätzung auf einer fünfstufigen Skala von „stimmt gar nicht" bis „stimmt genau" abgeben sollen. Solche Fragen sind beispielsweise: „An dieser Schule gibt es klare Regeln, wie man sich als Schüler zu verhalten hat" (Strenge und Kontrolle), „Künstlerische Aktivitäten haben an unserer Schule einen hohen Stellenwert" (Anregung und Vielfalt), „An dieser Schule wird von den Schülern erwartet, dass sie viel arbeiten und gute Leistungen erbringen" (Beurteilung von Leistung).

Schaut man sich die Itemformulierungen an, wird der Bezug zu unserer Schulklimadefinition deutlich. Es werden Wahrnehmungen, hier der Schülerinnen und Schüler, bezüglich ihrer Lernumwelt Schule erfragt. Ebenso findet sich der Bezug zu Inhalten, Interaktionen und sozialen Beziehungen, wie schon bei Fend (1977) deutlich gemacht wurde.

Im Feld der Schulklimaforschung gibt es eine große Anzahl an Fragebögen. Einen Überblick über internationale Erhebungsverfahren zum Thema „Schulklima" geben Kohl et al. (2013). Eine recht breite Verwendung findet der School Climate Survey (Haynes et al. 1994). Dieser Fragebogen umfasst 47 Items und erfasst die Dimensionen Leistungsmotivation, Fairness, Ordnung und Disziplin, Beteiligung der Eltern, Teilen von Ressourcen, Beziehungen zwischen den Schülerinnen und Schülern, Beziehung zwischen den Lehrkräften und den Schülerinnen und Schülern. Auch hier sind die Bezüge zu den genannten Dimensionen des Schulklimas deutlich erkennbar.

Im englischsprachigen Raum gibt es auch direkt auf Schule abgestellte Erhebungsinstrumente, die das Organisationsklima bzw. das Arbeitsklima erfassen, die für Deutschland allerdings noch nicht verfügbar sind. Hoy et al. (2002) präsentierten mit dem Organizational Climate Index (OCI) ein ökonomisches und gut validiertes Verfahren, das die vier folgenden Dimensionen erfasst:

1. Die Dimension „Druck von außen" spricht die leichte Beeinflussbarkeit schulischer Entscheidungen auf der Organisationsebene durch einige Politiker oder einflussreiche Eltern an.
2. Die Dimension „Kollegiale Führung" ist die Führungskompetenz der Schulleitung.
3. Der Aspekt „Professionalität des Lehrpersonals" betrifft die horizontale Beziehungsebene, beispielsweise inwieweit sich Lehrerinnen und Lehrer wechselseitig unterstützen.
4. Der vierte und letzte Aspekt ist der Leistungsdruck und beschreibt den Druck auf Lehrpersonen, der durch die Schulleitung oder auch durch die Elternschaft ausgeübt werden kann.

Wenn Lehrerinnen und Lehrer auch Teil der Schulgemeinschaft sind, wie verhält es sich mit dem Klima aus deren Sicht?

In der Schule geht es nicht allein um Schülerinnen und Schüler und deren Interaktionen. Ein wichtiger Aspekt des Schulklimas betrifft die Lehrerinnen und Lehrer und deren Arbeitsklima. Dementsprechend ist es ebenfalls wichtig, danach zu fragen, wie der Arbeitsplatz, die Arbeitsumstände usw. durch die Lehrpersonen wahrgenommen werden. Letztlich befinden wir uns hier im Bereich des Betriebs- und Organisationsklimas.

Betriebsklima „Unter dem Begriff Betriebsklima wird gewöhnlich die Stimmung oder die Atmosphäre verstanden, die für einen ganzen Betrieb oder seine Teileinheiten typisch ist und von den Mitarbeitern bewertet wird" (Nerdinger 2014, S. 144).

Organisationsklima Organisationsklima ist definiert als „die relativ überdauernde Qualität der inneren Umwelt der Organisation, die durch die Mitglieder erlebt wird, ihr Verhalten beeinflusst und durch die Werte einer bestimmten Menge von Merkmalen der Organisation beschrieben werden kann" (Rosenstiel und Nerdinger 2011, S. 371).

Bezieht man das Betriebsklima auf die Organisationseinheit Schule, wird deutlich, dass hier genau dieselben Aspekte angesprochen sind wie in unserer Definition von Schulklima. Die interessante Unterscheidung liegt darin, dass das Betriebsklima sich auf die individuelle Wahrnehmung von Mitarbeitenden, sprich der Lehrerinnen und Lehrer (eher das psychologische Klima), bezieht und das Organisationsklima eher auf die sozial geteilte Wahrnehmung (kollektives Klima) anspricht. Nerdinger (2014) trifft in der Folge einige interessante Unterscheidungen:

1. *Individuum vs. Kollektiv:* Wahrnehmungen der Arbeitsbedingungen können sich zum einen zwischen spezifischen Individuen und zum anderen zwischen Gruppen von Individuen (Lehrerkollegien) unterscheiden (psychologisches vs. kollektives Klima). Meint beispielsweise eine Lehrerin, dass das Arbeiten im Kollegium angenehm ist, während eine andere deutliches Optimierungspotenzial sieht, geht es um das psychologische Klima und bezieht sich auf das Merkmal Beziehung (s. oben). Nimmt man jetzt alle Lehrkräfte innerhalb einer Schule zusammen und bildet den Durchschnitt

(Aggregierung) oder den Mittelwert über ihre Klimawahrnehmungen, gibt es ein sozial geteiltes Klima. Im Lehrerkollegium des einen Gymnasiums kann ein deutlich anderer Leistungsdruck wahrgenommen werden als beispielsweise in dem eines anderen. Das ist ein Teil des kollektiven Klimas auf der Dimension Lehren und Lernen (s. oben). Beide Analyseebenen werden unterschiedliche Wirkungen haben. Während das geteilte Klima alle Kolleginnen und Kollegen innerhalb einer Schule beeinflussen wird, da generell ein spezifisches Klima wahrgenommen wird oder herrscht (z. B. Leistungsdruck), wird das individuell wahrgenommene Klima eher einzelne Personen beeinflussen, beispielsweise in Bezug auf den individuellen Leistungsdruck. Hier geht es um die Frage „Wer nimmt wahr?".

2. *Arbeitsplatz vs. Organisation:* Auf die Schule bezogen heißt das, dass zum einen danach gefragt wird, wie die spezifischen Arbeitssituationen wahrgenommen werden, und zum anderen danach, wie die gesamte Organisation, sprich die Schule, wahrgenommen wird. Eine Lehrkraft kann beispielsweise das Klima bezüglich aller Lehrkräfte für das Fach Biologie wahrnehmen, beispielsweise ein sehr gutes kollegiales Klima (Dimension Beziehung) und somit weniger Belastung innerhalb der Fachschaft Biologie. Das wäre sozusagen die Wahrnehmung des spezifischen Arbeitsplatzes als Biologielehrerin oder -lehrer. Diese Wahrnehmung des Klimas kann aber auch auf die gesamte Schule bezogen sein, beispielsweise auf die Kooperation aller Kolleginnen und Kollegen an dieser Schule. Also auch hier gibt es unterschiedliche Abstufungsgrade in der Wahrnehmung des Klimas, und es geht um die Frage „Was wird (auf welcher Ebene) wahrgenommen?".

3. *Deskriptiv vs. evaluativ:* Bei der deskriptiven (beschreibenden) Wahrnehmung geht es nur um die Beobachtung, beispielsweise wie die Interaktion im Kollegium stattfindet (z. B. Frau Schmidt redet viel mit Frau Meier, beide werden unterstützt durch Frau Neumann und Frau Hofmann, während die Schulleitung eher organisatorische Aufgaben erfüllt), und enthält keine Wertung. Evaluative Wahrnehmung hingegen enthält explizit eine Bewertung im Sinne von „Das ist gut" oder „Das ist schlecht", d. h., es wird ein Urteil getroffen, in unserem Beispiel über die Interaktionskultur innerhalb der Schule („Leider gibt es hier Tratschgruppen, während die Schulleitung eher durch Abwesenheit glänzt"). Es geht um die Frage „In welcher Form wird etwas wahrgenommen?".

In diesem Kapitel haben wir uns an die Organisation des Klimas nach der voran genannten Definition von Götz et al. (2008) gehalten. Als wir dieses Kapitel bearbeitet haben, kam uns eine Idee. Man könnte das Klima eventuell auch anders strukturieren. Einen Vorschlag haben wir im folgenden Nerd-Exkurs skizziert.

Nerd-Exkurs

Ein alternativer Blick auf das Klima

Zu Beginn dieses Kapitel haben wir ja deutlich gemacht, welche Strukturierung des Schulklimas wir in diesem Buch vornehmen wollen: zum einen die Unterscheidung in psychologisches und kollektives Klima und zum anderen die Unterscheidung nach den Systemebenen im Bildungssystem. Doch an einigen Stellen funktionierte dieses Kategorisierungssystem nicht ganz – wie eine Bettdecke, die an irgendeinem Punkt zu kurz war. Ein Fuß hat immer rausgeschaut und wurde kalt. Dann kam uns eine Idee.

Man kann das gesamte Klima anhand des folgenden Rasters aufziehen. Als Erstes trifft man eine Unterscheidung nach dem wahrnehmenden Subjekt, entweder einem Individuum oder einer sozialen Gruppe. Das ist also unsere Unterscheidung in psychologisches und kollektives Klima. Klima kann aber auch von einem objektiven Dritten wahrgenommen werden. In all diesen Perspektiven kann nun der nächste Schritt gemacht werden, indem man die Frage stellt, auf welche Ebene im Bildungssystem sich diese Wahrnehmungen beziehen: das Gesamtsystem, die Schule oder die Schulklasse. Die Art der Wahrnehmung ist die nächste Unterscheidungsebene, nämlich: Wird hier nur etwas beschrieben oder auch bewertet? Das Ganze ist kein großer theoretischer neuer Entwurf, mit dem man einen Nobelpreis gewinnen kann. Aber es hilft, Aspekte, Fragen, Untersuchungen usw. etwas effektiver zu ordnen und zu systematisieren (Tab. 3.1).

Letztlich können Sie sich dann unter „Was wird wahrgenommen?" die oben beschriebenen Dimensionen vorstellen: Sicherheit – Beziehung – Lehren und Lernen.

3.2   Was macht das?

Bei allen diesen Überlegungen, was Schulklima ist, könnte es sich einerseits um eine rein wissenschaftlich orientierte Grundlagenfrage handeln, weil es den Professor eben interessiert, wie die Rahmenbedingungen für das Lehren und Lernen in der Schule gestaltet sind. Andererseits kann man auch fragen, ob das Wissen über das Schulklima weitergehende Fragen beantworten kann. Hier geht es etwa darum, ob das Schulklima Lernen und Unterricht sowie die sozioemotionale Entwicklung der Schülerinnen und Schüler als auch der Lehrerinnen und Lehrer beeinflussen kann. Es geht also um die Frage der Effekte des Schulklimas.

Bevor wir anfingen, zu dem Thema dieses Kapitels zu recherchieren, dachten wir, dass es Hunderte von empirischen Studien dazu gibt. Es gibt zwar

Tab. 3.1 Ein Organisationsschema

Wer nimmt wahr?	Auf welcher Ebene?	Welches Klima?	Was wird wahrgenommen?
Individuum (psychologisches Klima)	Gesellschaft	Bildungsklima	Beschreibung
			Bewertung
	Schule	Schulklima	Beschreibung
			Bewertung
	Klasse	Klassenklima	Beschreibung
			Bewertung
		Unterrichtsklima	Beschreibung
			Bewertung
Soziale Gruppe (kollektives Klima)	Gesellschaft	Bildungsklima	Beschreibung
			Bewertung
	Schule	Schulklima	Beschreibung
			Bewertung
	Klasse	Klassenklima	Beschreibung
			Bewertung
		Unterrichtsklima	Beschreibung
			Bewertung
Objektiver Beobachter	Gesellschaft	Bildungsklima	Beschreibung
			Bewertung
	Schule	Schulklima	Beschreibung
			Bewertung
	Klasse	Klassenklima	Beschreibung
			Bewertung
		Unterrichtsklima	Beschreibung
			Bewertung

viele Studien, die „Schulklima" im Titel tragen, das Problem aber ist, dass es in den Studien selbst meist um etwas anderes geht als um unsere definitorisch festgelegten Dimensionen des Schulklimas. Sucht man nun Studien, die der hier verwendeten Definition entsprechen, ist der Ertrag schon deutlich geringer. Aber über die undeutliche Begriffsverwendung von Schul-, Klassen- und Unterrichtsklima haben wir schon ausführlich an anderer Stelle geschimpft. Das gesamte Schulklima wurde in die Betrachtung des Schulklimas als Lern- und Entwicklungsumwelten für die Schülerinnen und Schüler sowie des Arbeitsumfelds für Lehrerinnen und Lehrer unterteilt. Diese Unterteilung soll auch für diesen Abschnitt beibehalten werden. Wir nehmen allerdings eine weitere Unterscheidung vor. Wir betrachten zum einen, inwieweit das Schulklima unterrichts- bzw. lernbezogene Effekte aufweist, d. h. inwieweit auf Schülerseite z. B. die Kompetenzentwicklung, die Schulmotivation und das Lernengagement sowie auf Lehrerseite z. B. die Klassenführung, Lehrkompetenz, Bereitschaft an Weiterbildung teilzunehmen und die Freude am Job beeinflusst werden. Zum anderen betrachten wir die sozioemotionalen Effekte des Schulklimas, d. h. alle nicht unterrichts- oder lernbezogenen Effekte: auf

Schülerseite z. B. politische Einstellungen und Werthaltungen, aber auch Problemverhalten wie Depressionen oder Aggressivität bzw. auf Lehrerseite z. B. Belastungen oder Burnout-Phänomene. Zwar wird es kaum möglich sein, in all diesen vier Kategorien einen vollständigen Überblick über alle bislang nachgewiesenen oder erwarteten Effekte des Schulklimas geben zu können (wegen der oben erwähnten Literaturlage), aber wir werden zentrale Tendenzen in den Effekten wiedergeben, die sowohl hinreichend gut abgesichert sind als auch eine gewisse Relevanz für die Entwicklung von Schülerinnen und Schülern sowie Lehrerinnen und Lehrern aufweisen.

Schülerinnen und Schüler – Schulklima als Lern- und Entwicklungsklima

Man kann diese Klimawirkungen in lernbezogene und sozioemotionale Wirkungen unterteilen. Bereits die frühen deutschen Studien zum Schulklima (Fend 1977, 1982) haben die Frage untersucht, inwieweit das Schulklima Lernprozesse mit beeinflusst, und zeigten, dass in Schulen, in denen sowohl die Schülerinnen und Schüler als auch das Lehrpersonal das Schulklima positiv einschätzten, bessere Schulleistungen erzielt wurden, die Schülerinnen und Schüler motivierter und stärker in schulischen Belangen involviert waren. Eccles et al. (1993) machten deutlich, dass gerade in Zeiten von Schulübergängen (Sekundarschulübertritt) ein positives Schulklima vor und insbesondere nach dem Übergang sehr wichtig ist, um die Lernmotivation aufrechtzuerhalten. Den Autoren zufolge besteht gerade nach dem Schulübertritt in die weiterführende Schule die Gefahr, dass die Lernmotivation abnimmt. Ein gutes Schulklima ist wichtig, um diesem Rückgang entgegenzuwirken (Eccles und Roeser 2011).

Interessant im Zusammenhang mit dem Schulerfolg ist, dass negative Effekte des Bildungshintergrunds bzw. des sozialen Status der Eltern durch das Schulklima abgemildert werden können. In Schulen, in den ein positives Schulklima wahrgenommen wurde, fiel der Leistungsnachteil von Schülerinnen und Schülern mit einem niedrigen sozioökonomischen Status deutlich geringer aus als in Schulen, in den ein negatives Klima wahrgenommen wurde (Astor et al. 2009). Schulklima kann somit als ein Schutzfaktor gegen die negative Wirkung von Risikofaktoren gesehen werden.

Es gibt etliche Studien, die zeigen, dass bei einem positiven Schulklima die Fehlzeiten geringer sind (deJung und Duckworth 1986; Purkey und Smith 1983; Rumberger 1987). Wenn sich die Schülerinnen und Schüler in der Schule wohlfühlen, verbringen sie dort mehr Zeit und werden auch seltener vom Schulunterricht suspendiert (Lee et al. 2011; Wu et al.1982).

Auch in diesem Bereich der sozioemotionalen Wirkung des Schulklimas leistete Helmut Fend (1977, 1982) Pionierarbeit. Bereits in seinen früheren

Arbeiten zeigte er, dass ein positives Schulklima mit weniger Problemverhalten der Schülerinnen und Schüler (Aggressionen, verschiedene Verhaltensstörungen) einhergeht und Schülerinnen und Schüler zudem ein positiveres Selbstkonzept aufweisen.

Das Selbstkonzept ist die Selbstwahrnehmung, im Prinzip das gesammelte Wissen über sich selbst und dessen Bewertung. Das Selbstkonzept ist zum Beispiel motivational sehr wichtig. Wenn sich ein Schüler in der Interaktion mit anderen Menschen als schlecht einschätzt, wird er auch eher versuchen, solchen Begegnungen aus dem Weg zu gehen. Er hat also ein negatives soziales Selbstkonzept, das sich wiederum negativ auf die Motivation auswirkt, mit anderen Menschen zu interagieren. Die Forschung geht davon aus, dass das Selbstkonzept hierarchisch organisiert ist (Möller und Trautwein 2009). Das bedeutet, dass es einerseits sehr konkrete Vorstellungen über die eigenen Fähigkeiten gibt, beispielsweise die Einschätzung, dass ich Beethovens späte Klaviersonaten nicht fehlerfrei spielen kann, aber auch sehr abstrakte generalisierte Wissensbestände über die Person an sich, z. B., dass mein Klavierspiel ganz gut ist. Die generelle Einschätzung der eigenen Fähigkeiten und deren Bewertung fallen unter den Begriff des Selbstvertrauens. Spannenderweise konnte die Forschung zeigen, dass, wenn die Schule als positiv wahrgenommen wird (im Sinne unserer Klimadefinition), dieses generelle Selbstvertrauen der Schülerinnen und Schüler positiver und höher ausgeprägt ist (Cairns 1987; Hoge et al. 1990; Reynolds et al. 1980). Selbst wenn die Schülerinnen und Schüler sehr selbstkritisch sind, wird sich diese Einschätzung in einem positiven Schulklima nicht so negativ auf das Selbstvertrauen auswirken wie in einem negativen (Kuperminc et al. 2001).

Zahlreiche Forschungsarbeiten weisen nach, dass Schülerinnen und Schülern sozial, emotional sowie physisch positivere Entwicklungen zeigen, wenn das Schulklima positiv ist (Kuperminc et al. 1997; Payton et al. 2008; Shochet et al. 2006; Way et al. 2007). Ein positives sozioemotionales Schulklima ist negativ mit der Häufigkeit von Substanzmissbrauch oder psychischen Störungen verbunden, d. h., Schülerinnen und Schüler, die ihre Schule und die Sozialbeziehungen in der Schule positiver wahrnehmen, werden weniger Substanzmissbrauch zeigen und auch generell weniger Problemverhalten zeigen und ein besseres psychologisches Wohlbefinden äußern als Schülerinnen und Schüler mit negativen Umweltwahrnehmungen (Cairns 1987; Kasen et al. 1990; Ruus et al. 2007; Shochet et al. 2006; Virtanen et al. 2009). In diesem Zusammenhang ist auch interessant zu beobachten, dass in Schulen mit einem positiven Klima weniger Aggression und Gewalt (Gregory et al. 2010; Karcher 2004), weniger Mobbing unter Schülerinnen und Schülern (Kosciw et al. 2012) und auch weniger sexuelle Belästigung (Astor et al. 2009) zu finden sind als in Schulen mit einem negativen Klima.

Lehrerinnen und Lehrer – Schulklima als Arbeitsklima

Zu Beginn des Kapitels wurde argumentiert, dass die Effekte des Schulklimas sehr eng mit der Bedürfnisbefriedigung der Akteure zusammenhängen. Das lässt sich selbstverständlich nicht nur auf die Schülerinnen und Schüler, sondern auch auf die Lehrerinnen und Lehrer beziehen.

Das Schulklima beeinflusst das Arbeitsumfeld der Lehrpersonen. Wenn Lehrerinnen und Lehrer das Klima am Arbeitsplatz positiver wahrnehmen, werden sie besseren Unterricht machen. Dies kann sich in der Folge als Rahmenbedingung für Schule und Unterricht auf die Kompetenzen der Schülerinnen und Schüler auswirken. Auf der anderen Seite sind aber auch Fragestellungen nach Arbeitszufriedenheit, Belastungserleben, Stress und letztlich auch Burnout wichtige Themen der Schulklimaforschung.

Unterrichtsbezogene Wirkungen des Schulklimas werden von Bryk und Schneider (2002) untersucht. Sie weisen in ihrer Arbeit darauf hin, dass ein Schulklima, das von einem großen Vertrauen der Akteure innerhalb einer Organisation geprägt ist, mit einer höheren Bereitschaft einhergeht, Veränderungen im Schulalltag zu tragen, die letztlich der Leistungsentwicklung der Schülerinnen und Schüler zuträglich sind. Somit überrascht es nicht, dass Anderson (1982) in ihrer Überblicksarbeit über das Schulklima nachwies, dass positives Schulklima aus Sicht der Lehrpersonen mit besseren Leistungen der Schülerinnen und Schüler einherging. Hoy und Hannum (1997) zeigten das auch für Einschätzungen des Organisationsklimas an der Schule durch die Lehrerinnen und Lehrer bezogen auf die Mathematik- und Leseleistungen der Schülerinnen und Schüler.

Auch aus der Lehrendenperspektive kann und muss die Frage nach der sozioemotionalen Wirkung des Schulklimas untersucht werden. Ein Schulklima, das auch für die Lehrpersonen Sicherheit, Anerkennung und Herausforderung sicherstellt, fördert ihre Arbeitszufriedenheit in starkem Ausmaß (Böhm-Kasper 2004; Johnson et al. 2007).

Bos et al. (2010) fanden in Analysen der IGLU-Studie heraus, dass Lehrerinnen und Lehrer in der Grundschule bei einem positiven Schulklima weniger Belastungen wahrnehmen. Wenn Belastungen zu stark werden, können sie zu negativen Reaktionen bei Lehrkräften führen, z. B. zu verminderter Konzentrationsfähigkeit und kurzfristigen negativen Empfindungen, aber auch zu chronischem Stress und Burnout (Rothland und Terhart 2010; Schaarschmidt und Kieschke 2013).

Collie et al. (2012) untersuchten in ihrer Studie „School Climate and Social-Emotional Learning: Predicting Teacher Stress, Job Satisfaction, and Teaching Efficacy" Lehrerinnen und Lehrer in Kanada aus 17 unterschiedlichen Schulamtsbereichen quer durch British Columbia und Ontario. Insgesamt wurden 664 Lehrerinnen und Lehrer anhand eines Online-Fragebogens befragt. In diesem Fragebogen ging es um ihren wahrgenommenen Stress, ihre Selbstwirksamkeit in Bezug auf ihre Lehrtätigkeit (inwieweit man sich Herausforderungen im Arbeitsalltag gewachsen sieht) sowie ihre Arbeitszufriedenheit – Variablen bzw. Inhalte, die durch das Schulklima erklärt werden sollen. Dafür erfassten die Autoren folgende Dimensionen: die Zusammenarbeit im Kollegium, die Beziehungen zu den Schülerinnen und Schülern, die materiellen Ressourcen der Schule sowie die Beteiligung an Entscheidungen der Schule (Partizipation oder auch Mitbestimmung).

Da die Autorinnen unseren Nerd-Exkurs: Mehrebenenanalyse gelesen hatten, führten sie selbst eine solche Analyse durch. Wie bereits im Exkurs zur Mehrebenenanalyse beschrieben, werden auch hier in dieser Studie unterschiedliche Analyseebenen betrachtet. Da gibt es zum einen die Schulebene, auf der die Einschätzung des Schulklimas modelliert wurde. Zum anderen werden diese Schulklimavariablen verwendet, um damit die individuell wahrgenommenen abhängigen Variablen (Selbstwirksamkeit und Arbeitszufriedenheit) auf der Individualebene vorherzusagen. In einem ersten Schritt stellten die Autoren fest, dass sich die Schulen gar nicht so großartig in ihren Schulklimawahrnehmungen unterschieden (für die Freaks: die Intraklassenkorrelationen bezogen auf das Schulklima waren zu klein). Deshalb verwendeten die Autoren, die individuell wahrgenommenen Schulklimaaspekte der Lehrerinnen und Lehrer, um die Selbstwirksamkeit und Arbeitszufriedenheit zu erklären.

Die Ergebnisse der Studie sehen wie folgt aus: Je besser die Beziehungen zu den Schülerinnen und Schülern wahrgenommen (psychologisches Klima, vertikal) wurden, desto höher war die Selbstwirksamkeit der Lehrerinnen und Lehrer ausgeprägt. Je enger die Lehrerinnen und Lehrer eines Kollegiums miteinander zusammenarbeiteten (psychologisches Klima, horizontal), desto selbstwirksamer fühlten sie sich, aber desto mehr Stress resultierte aus Abstimmungsherausforderungen im Kollegium. Nahmen die Lehrpersonen mehr Ressourcen in der Schule wahr, äußerten sie ein geringeres Stressniveau. Ebenso berichteten die Lehrerinnen und Lehrer, die wahrnahmen, dass sie stärker in schulische Entscheidungen involviert waren, weniger Stress. Außerdem zeigte sich, dass die Lehrerinnen und Lehrer zufriedener waren, die eine höhere Selbstwirksamkeit, bessere Beziehungen zu den Schülerinnen und Schülern sowie weniger Stress wahrnahmen. Das Schulklima wirkte sich also vermittelt über die Selbstwirksamkeit und den Stress auf die Arbeitszufriedenheit aus.

3.3   Wo kommt das her?

Hat man als Wissenschaftler erst einmal geklärt, worüber man spricht (Definition) und beschlossen, dass es nicht vollkommen sinnfrei ist, sich über dieses Thema Gedanken zu machen, und dann noch feststellt, dass es durchaus wichtige Konsequenzen des Schulklimas gibt, möchte man gerne herausfinden, was die Ursachen von Klimawahrnehmungen sind. Stellt man somit die Frage danach, woher das Schulklima kommt, muss man eine systemische Perspektive einnehmen, so wie wir es in diesem Buch tun. Auf das Modell von Fend (2008) wurde wiederholt Bezug genommen, so langsam werden Sie schon wissen, worüber wir hier reden. Der wichtige Aspekt für diesen Abschnitt ist, dass die Organisationseinheit Schule, die für dieses Kapitel im Zentrum der Betrachtung steht, als Teil des Gesamtsystems verstanden werden muss. Die Rahmenbedingungen, die durch das gesamtgesellschaftlich geteilte Bildungsklima (Kap. 2) und die damit verbundenen gesetzlichen Vorschriften sowie die Normen und Regeln gesetzt werden, bestimmen in wesentlicher Weise das Schulklima. Da der Austausch zwischen Eltern und Schule, wie bereits beschrieben, ein Bestandteil des Schulklimas ist, müssen gesetzliche Regelungen dies auch erlauben. Oder andersherum ausgedrückt: Wenn in der Gesellschaft Schule und Familie zwei getrennte Einflusssphären darstellen, wird der Austausch zwischen Eltern und Schule weniger wahrscheinlich.

Diese systemische Sicht nehmen auch Keefe et al. (1985) in ihrem Modell zur Genese des Schulklimas ein (Abb. 3.1). Dieses Modell soll in der Folge kurz dargestellt werden.

Ideologien und Machtstrukturen (Makroebene)
Auf der obersten Ebene werden distale Einflussfaktoren beschrieben. Das sind Faktoren, die vom eigentlichen Schulklima relativ weit entfernt, aber für die Genese des Schulklimas wichtig sind. Hier finden Sie etliche Begriffe, die bereits in Kap. 2 diskutiert wurden, wieder. Als erste distale Quelle des Schulklimas beschreiben die Autoren gesellschaftliche Ideologien.

> **Ideologien** Ideologien sind hier als umfassende Orientierungsmuster in einer Gesellschaft zu verstehen, die über spezifische Einstellungen oder Werte hinausgehen.

Solche Ideologien sind eng an Wertesysteme in einer Gesellschaft geknüpft. Die Autoren beschreiben vier ideologische Bestandteile von Gesellschaften, die über weitere Vermittlungswege ein Schulklima mitbestimmen können:

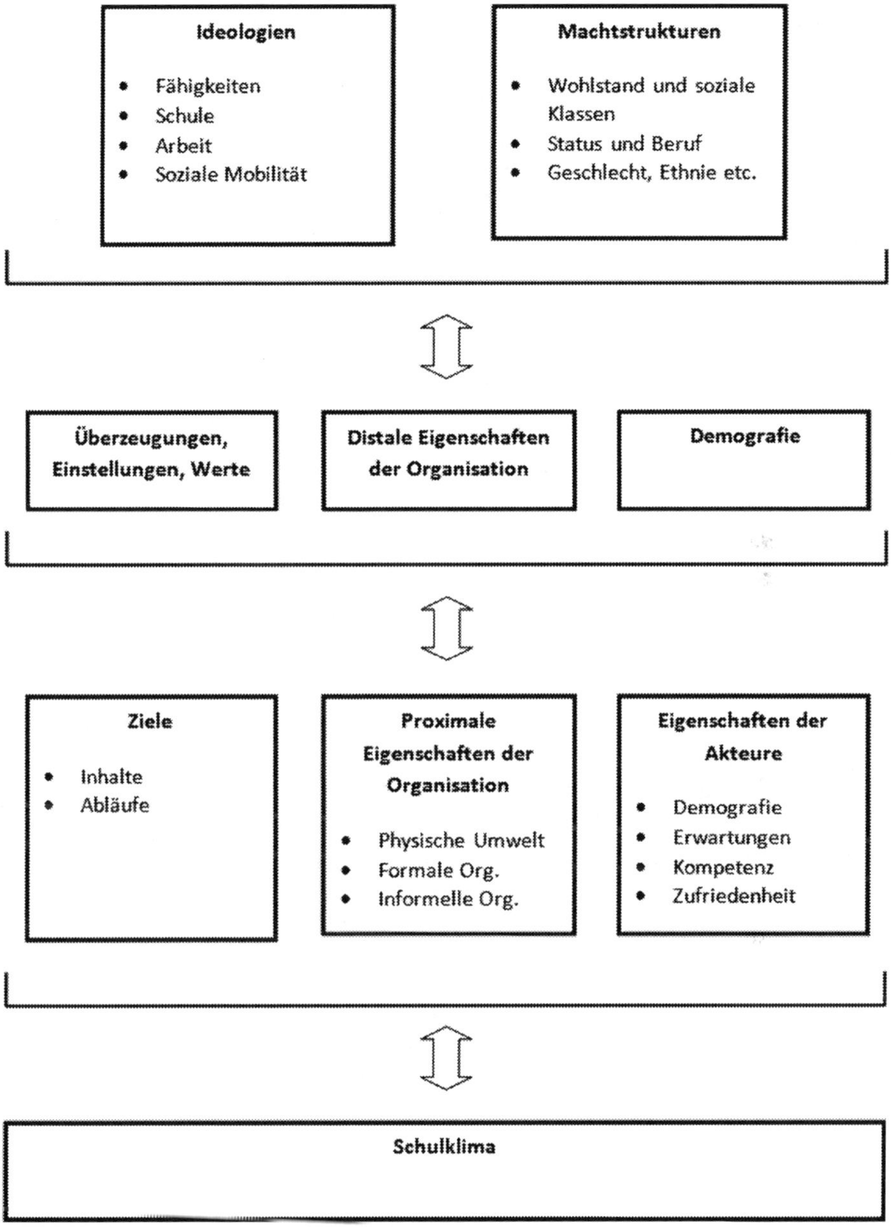

Ideologien	Machtstrukturen
• Fähigkeiten • Schule • Arbeit • Soziale Mobilität	• Wohlstand und soziale Klassen • Status und Beruf • Geschlecht, Ethnie etc.

$\Updownarrow$

Überzeugungen, Einstellungen, Werte	Distale Eigenschaften der Organisation	Demografie

$\Updownarrow$

Ziele	Proximale Eigenschaften der Organisation	Eigenschaften der Akteure
• Inhalte • Abläufe	• Physische Umwelt • Formale Org. • Informelle Org.	• Demografie • Erwartungen • Kompetenz • Zufriedenheit

$\Updownarrow$

Schulklima

Abb. 3.1 Quellen des Schulklimas. (Nach Keefe et al. 1985)

1. *Fähigkeiten:* Man kann sich vorstellen, dass Gesellschaften, in denen Leistung vorrangig auf das Individuum zurückgeführt wird und weniger auf die soziale Gruppe (Individualismus vs. Kollektivismus), einen höheren individuellen Leistungsdruck in Schulen, als Aspekt des Schulklimas, aufbauen als Gesellschaften, die Leistung eher als Resultat von gemeinschaftlichen Anstrengungen verstehen.

2. *Schule:* Die Diskussion über die Art und Weise von Beschulung ist ebenfalls sehr stark ideologisch geprägt (Kap. 2). So wird vermutlich in einem Gesamtschulsystem durch die höhere Heterogenität der Schülerschaft ein offeneres Schulklima bezüglich Andersartigkeit vorzufinden sein als in einem stark gegliederten Schulsystem, in dem verschiedene soziale Gruppen von Schülerinnen und Schülern kaum aufeinandertreffen.

3. *Arbeit:* Gesellschaften können sich in ihren Ideologien bezogen auf Arbeit an sich unterscheiden. Nehmen wir beispielsweise das Schulklima als Arbeitsklima. Gesellschaften, in denen Arbeit als individuelle Selbstverwirklichung verstanden wird, werden Individualität und die individuellen Bedürfnisse der Lehrkräfte viel stärker berücksichtigt werden als in Gesellschaften, in denen Arbeit für die einzelne Person einen weniger zentralen Stellenwert hat.

4. *Soziale Mobilität:* Bildung wird häufig als Kapital für sozialen Aufstieg aufgefasst. In Gesellschaften, die soziale Mobilität propagieren, wird ein anderes Schulklima herrschen als in Gesellschaften, in denen die soziale Position eines Individuums stärker durch seine Herkunft als durch seine individuellen Leistungen geprägt ist. Der zu Beginn dieses Kapitels beschriebene Sachverhalt, dass zum Schulklima auch so etwas wie Erwartung an Schülerinnen und Schüler gezählt werden können, wird hier deutlich. Wenn beispielsweise von einem Arbeiterkind nicht erwartet wird, durch gute Schulleistung seine soziale Position verbessern zu können, werden geringere Ansprüche an Arbeiterkinder im Schulsystem gestellt werden. Das ist ein Teil des Schulklimas, der sich auf die Inhaltsdimension des schulischen Miteinanders (s. oben) bezieht.

Die zweite distale Quelle des Schulklimas sind politisch-gesellschaftliche Strukturen; in dem Modell nach Keefe et al. (1985) werden diese als Machtstrukturen bezeichnet. Hier geht es um die Einkommensverteilung oder Statushierarchien innerhalb einer Gesellschaft, aber auch um die Beziehungen zwischen Mehrheiten und Minderheiten einer Gesellschaft, Hierarchien bezüglich des Geschlechts, der religiösen Zugehörigkeit oder der Ethnie. All diese Aspekte sozialer Schichtung sind gesamtgesellschaftlich ausgerichtet. Sie sind also entweder in einem größeren westlich industrialisierten Kulturkreis oder aber innerhalb einer Gesellschaft, wie beispielsweise der deutschen, zu verstehen.

Man kann sich das an einem Beispiel verdeutlichen: In unseren westlichen Gesellschaften herrscht gewöhnlich das Prinzip der Meritokratie, d. h., dass Macht, Einfluss oder Status durch individuelle Leistungen gerechtfertigt werden. Dadurch entstehen Machtstrukturen innerhalb einer Gesellschaft, die durch Leistungen (sei es auch durch die Leistungen der Vorfahren in düsteren Zeiten des Mittelalters) gerechtfertigt werden. Diese Weltanschauung, dass sich Leistung im Hinblick auf Macht und Einfluss auszahlt, ist auch Teil des Bildungssystems. Im deutschen System wird die Einschätzung, ob jemand ein guter oder ein schlechter Schüler ist, sehr stark von seinen Leistungen abhängig gemacht. Somit entsteht im Schulklima ebenfalls eine Fokussierung auf individuelle Leistung. Die Machtstrukturen in unserer Gesellschaft beeinflussen das Klima in den Schulen (z. B. den Leistungsdruck).

Überzeugungen, Einstellungen, Werte – distale Eigenschaften der Organisation – Demografie (Makroebene)

Die zweite Ebene in diesem Modell wird durch die Autoren unterhalb der gesamtgesellschaftlichen Ebene angeordnet. Hier geht es beispielsweise um Bundesländer oder Schulamtsbereiche. Es erscheint auch sinnvoll, diese regionalen Organisationseinheiten genauer zu analysieren. Daher betrachten die Autoren auch als erstes geteilte Überzeugungen, Einstellungen und Werte. Auch hier wird der Bezug zu Kap. 2 deutlich, da letztlich diese geteilten Inhalte dem Bildungsklima zuzurechnen sind. Ein Beispiel für diesen Bereich sind geteilte Wertvorstellungen zur Zusammenarbeit von Familie und Schule. In einigen Bundesländern wird diese Kooperation als zentral erachtet während andere Bundesländer eher eine geringere Zusammenarbeit zwischen Familie und Schule umgesetzt sehen wollen. Die Bedeutung auf der Makroebene wurde im letzten Kapitel schon beschrieben. Allerdings beeinflusst diese geteilte Wertschätzung der Zusammenarbeit zwischen Familie und Schule in einem Bundesland auch die Kooperation und Kommunikation zwischen den Lehrerinnen und Lehrern und den Eltern in einer konkreten Schule auf der anderen Seite. Dieser Aspekt ist dem Schulklima zuzurechnen.

Wie in Kap. 2 bereits beschrieben wurde, können die Eigenschaften eines Bildungssystems (z. B. des deutschen) zwischen Bundesländern variieren. Die Autoren dieses Modells betrachten aber diese Ebene des Bundeslandes bzw. des Schulamtsbereichs oder auch der Gemeinde als wichtige Verbindungsstelle zwischen dem Gesamtsystem und der Organisationsebene Schule. Das ist die zweite Ebene des Modells. Hier beschreiben die Autoren regional geteilte Überzeugungen, Einstellungen oder Werte bezüglich Bildung und Beschulung.

Einen weiteren interessanten Aspekt verorten die Autoren ebenfalls hier, nämlich demografische Charakteristika. Wie in der Schule interagiert wird, hängt demzufolge auch mit der Bevölkerungsentwicklung zusammen. In Kap. 2 wurde bereits angesprochen, dass die Art und Weise, wie mit Migrantinnen und Migranten innerhalb einer Gesellschaft bzw. im Schulsystem umgegangen wird, hier ebenfalls eine Rolle spielt. Die Zusammensetzung einer Gesellschaft bezüglich Zuwanderern oder eben auch der Altersstruktur einer Gesellschaft wird sich auf die Interaktion innerhalb der Schule auswirken, da dies unmittelbar und mittelbar Einflüsse auf die Ressourcenausstattung der Schule und auch das numerische Lehrer-Schüler-Verhältnis haben wird (Kap. 2, Theorie zur Schulqualität). In einer Gesellschaft, in der die Schülerzahlen zurückgehen, werden sich vermutlich auch die Ausgaben für Schule und Bildung reduzieren. Dadurch wird die Möglichkeit, adäquat in einem angemessenen Lernklima in einer Schule Unterricht zu gestalten, deutlich reduziert, weil beispielsweise nicht genügend finanzielle Mittel vorhanden sind, um moderne Lernmaterialien anzuschaffen oder auch einfach das Schulgebäude und den Schulhof instand zu halten.

Ein weiterer hier angesiedelter Aspekt ist die Altersentwicklung der Lehrerschaft. Nehmen wir beispielsweise ein Bundesland wie Thüringen. Laut Daten des Statistischen Bundesamtes (2015) für das Schuljahr 2014/2015 waren 63,3 % der Lehrerinnen und Lehrer älter als 50 Jahre. Das bedeutet nicht, dass die Unterrichtsqualität direkt davon abhängt, aber wenn man die Dimension des Schulklimas im Bereich der Interaktion, der Inhalte oder auch der Erwartungen an die Schülerinnen und Schüler betrachtet, werden Generationsunterschiede deutlich, beispielsweise in der Offenheit gegenüber neuen Entwicklungen in der Didaktik oder der Technik.

Ziele – proximale Eigenschaften der Organisation – Eigenschaften der Akteure (Mesoebene)

Neben diesen beiden distalen Ebenen beschreiben Keefe et al. (1985) auch proximale Quellen des Schulklimas. Proximal bedeutet, dass die Quellen für das Schulklima näher am Schulgeschehen verortet sind. Von der Interaktion in der Schule aus gedacht, bewegen wir uns hier nicht mehr in gesellschaftlichen Umwelten, sondern betrachten direkt die Organisation.

Als ersten Aspekt nennen die Autoren die Ziele der Organisation. Diese betreffen einerseits die pädagogischen Inhalte innerhalb einer Schule (pädagogisches Schulkonzept oder auch die generelle inhaltliche Ausrichtung der Schule), aber auch organisatorische Ziele, die bestimmte Abläufe innerhalb der Schule regeln (Schulordnungen usw.). Ein Ziel ist letztlich etwas, das eine Person oder eine Organisation erreichen möchte. Häufig sind Ziele für Schulen in der Art formuliert, dass sie ein freundschaftliches, kooperatives und unterstützendes Miteinander erreichen wollen (die Websites von verschiedenen Schulen unterscheiden sich mitunter nur in der Auswahl der Schriftfarbe). Die Ziele werden im Schulkonzept niedergeschrieben. Diese Schulkonzepte finden häufig auch in organisationsbezogenen Regeln ihren Niederschlag. So finden sich z. B. in der Organisation von Projektwochen oder Projekttagen schon auf dieser strukturellen Ebene Bezüge auf dieses Schulkonzept. Anhand dieses Beispiels wird deutlich, dass hier Aspekte des Schulklimas, sprich die Interaktion, betroffen sind.

Der zweite Aspekt sind die proximalen Eigenschaften der Organisation. Beispielsweise spielt die physische Umwelt eine Rolle. Hiermit sind die Größe der Schule, die Anlage der Schule sowie des Schulhofes, der Renovierungsstand der Schule etc. gemeint. Wenn die Wahrnehmungen der Schulumgebung negativ sind, da deren Zustand zu wünschen übrig lässt, ist damit direkt das Schulklima betroffen.

Ebenso sind formelle Organisationseigenschaften wichtig, z. B. schulspezifische Führungsstile der Schulleitung oder auch die Regelungen, wie mit Problemen innerhalb des Kollegiums umgegangen oder inwieweit der Betriebsrat in Entscheidungen eingebunden wird. Betrachtet man die Schule als Arbeitsumwelt für die Lehrerinnen und Lehrer, wird schnell deutlich, dass dies direkt das Schulklima betrifft.

Ein immens wichtiger Bestandteil dieser Charakteristika ist die informelle Organisation. Informelle Organisation bedeutet, dass es keine festgelegten, nachlesbaren oder kodifizierten Regelungen gibt, wie bestimme Abläufe zu handhaben sind. Es sind eher Traditionen oder alltägliche Abläufe, die eine bestimmte Organisationskultur ausmachen. Ein Beispiel sind informelle Unterstützungsnetzwerke innerhalb des Kollegiums. Häufig ist nicht festgeschrieben, ob sich Lehrerinnen und Lehrer bei der Vorbereitung von Unterrichtsstunden oder im Umgang mit schwierigen Schülerpersönlichkeiten helfen. Dennoch variieren Lehrerkollegien im Ausmaß dieser sozialen Unterstützung. Aber auch inwieweit Lehrerinnen und Lehrer freie Hand in der Wahl ihrer Instruktionsmethoden oder Sanktionierungspraktiken bei Problemverhalten von Schülerinnen und Schülern haben, ist hier angesprochen. Diese sich selbst organisierenden Regularien prägen zu einem sehr großen Teil das Klima innerhalb eines Kollegiums.

Der dritte Aspekt sind die Eigenschaften der Akteure. Hier geht es um die demografische Zusammensetzung der Schülerschaft oder des Kollegiums einer Schule. Ein Schulklima kann dadurch gekennzeichnet sein, ob man beispielsweise ein sehr junges, ein sehr altes oder ein altersheterogenes Kollegium in der Schule vorfindet. Einem durchweg jungen Kollegium kann es an Erfahrung mangeln. In einem altersheterogenen Kollegium können die Jungen von den Alten und deren Erfahrungen profitieren, während die älteren Kolleginnen und Kollegen von den neuen didaktischen und technischen Impulsen, die von den jüngeren Kolleginnen und Kollegen ausgehen, profitieren können.

Auch die Zusammensetzung der Schülerschaft hat große Bedeutung. Ist beispielsweise das Aggressivitätspotenzial der Schülerinnen und Schülern sehr hoch, wird sich das negativ auf das sicherheitsbezogene Schulklima auswirken. Wie bereits beschrieben wurde, ist die gefühlte Sicherheit innerhalb der Schule ein wesentlicher Bestandteil des Schulklimas. Das gilt sowohl für die Schülerinnen und Schüler als auch für das Lehrpersonal. Wenn dieses basale Bedürfnis nach Sicherheit nicht hinreichend durch die Schule befriedigt werden kann, wird das Schulklima eher negativ eingeschätzt werden (Brand et al. 2003).

Etwas stärker auf der psychologischen Ebene verortet sind die Erwartungen der Akteure, d. h. der Schülerinnen und Schüler, der Lehrpersonen, aber auch der Eltern. Bestehen seitens der Eltern sehr hohe Leistungserwartungen an die Schule, wird sich das auf das Schulklima, beispielsweise den Leistungsdruck, auswirken. Auch die verschiedenen Kompetenzen des Lehrpersonals spielen eine große Rolle.

Baumert und Kunter (2013) legten mit dem COACTIV-Modell ein weit beachtetes Modell der Lehrerkompetenzen vor. Diese Kompetenzen beziehen sich auf Professionswissen, Werthaltungen, motivationale Orientierung und Selbstregulation. Je stärker sie ausgeprägt sind, desto besser, d. h. desto lernförderlicher, wird sich ein Schulklima auswirken (Kunter und Trautwein 2013). Greifen wir kurz die Selbstregulation heraus. Wenn Lehrpersonen es schaffen, die alltäglichen Belastungen so zu verarbeiten, dass dennoch eine positive Bilanz des eigenen Arbeitslebens und der Freizeit gezogen werden kann, beeinflusst das die Wahrnehmung der eigenen Arbeit.

Darüber hinaus bestimmt die Arbeitszufriedenheit der Lehrerinnen und Lehrer oder auch der Schulleitung das Schulklima. Eine hohe Arbeitszufriedenheit ist eine wesentliche Voraussetzung dafür, dass ein Schulklima so gestaltet werden kann, dass optimale Lernprozesse unterstützt werden und auf der anderen Seite eine positive Arbeitsatmosphäre für das Lehrerkollegium geschaffen werden kann.

3.4   Wie kann ich das beeinflussen?

Es sollte deutlich geworden sein, dass ein positives Schulklima sehr viel mit sozialen Kompetenzen der Akteure zu tun hat. Die allermeisten Begriffssysteme, die Schulklima beschreiben, stellen darauf ab, dass Kommunikation, Perspektivenübernahme und dergleichen die wesentlichen Bestandteile eines optimalen Schulklimas sind, da diese auf die drei oben genannten Merkmale (Inhalte, Beziehungen, Interaktionen) direkt Bezug nehmen. Cohen et al. (2009) beschreiben in einem sehr breiten Ansatz der Schulentwicklung, wie das Schulklima verbessert werden kann. Den Autoren zufolge sind es fünf grundlegende Fähigkeiten, die für ein positives Schulklima vonnöten sind:

1. *Die Fähigkeit, auf sich selbst und auf andere zu hören:* Es geht darum, verantwortlich auf eigene Bedürfnisse sowie die Bedürfnisse der anderen in angemessener Art und Weise zu reagieren.
2. *Fähigkeit zur kritischen Reflexion:* Es reicht nicht, dem anderen zuzuhören, sondern es ist notwendig, darüber nachzudenken und das Wahrgenommene in die sozialen Bezüge der sozialen Organisationseinheit Schule zu integrieren.
3. *Flexible Problemlöse- und Entscheidungsfähigkeit:* um ein gutes Schulklima zu erreichen, müssen Konflikte in der Schule gewaltfrei gelöst werden. Hierzu bedarf es einer kreativen Anpassung der Konfliktlösungsstrategien an die jeweilige Situation. Soziale Gerechtigkeit muss als Ziel anerkannt werden und in der Schule versucht werden, umzusetzen.
4. *Kommunikationsfähigkeit:* Um ein positives Interaktionsklima innerhalb der Schule zu gewährleisten, ist es notwendig, die eigenen Bedürfnisse in angemessener Weise zu kommunizieren. Das gilt sowohl für die Schülerinnen und Schüler als auch für die Lehrerinnen und Lehrer, aber ebenfalls für die Schulleitung und die Eltern.
5. *Fähigkeit zur Zusammenarbeit:* Ein derart komplexes System benötigt eine effektive Zusammenarbeit zwischen allen beteiligten Akteuren. So muss die Schule beispielsweise mit den Eltern zusammenarbeiten, und dafür braucht es Kompromissfähigkeit oder auch die Fähigkeit, gemeinsam auf ein geteiltes Ziel hinzuarbeiten.

All diese Fähigkeiten sind nicht angeboren, sondern müssen trainiert werden. Man kann lernen, mit anderen zusammenzuarbeiten oder zu kommunizieren. Wenn diese Fähigkeiten das Fundament sind, auf dem Schule funktionieren kann, sollte in einem Schulentwicklungsprozess auf deren Förderung hingearbeitet werden, und zwar sowohl auf Schüler- als auch auf Lehrerseite.

Bryk et al. (2010) unterstreichen in ihrer Forschung, dass das Vertrauen innerhalb der Organisation (Schule) eine essenzielle Voraussetzung für den Aufbau eines positiven Schulklimas ist. Wenn es um Kooperation, Kommunikation und Austausch innerhalb des Kollegiums geht, ist ein Mindestmaß an Vertrauen eine notwendige Voraussetzung, um überhaupt eine tragfähige Arbeitsbeziehung aufbauen zu können. Auch dieses Vertrauen lässt sich erarbeiten und fördern.

Auch in diesem Abschnitt wird wieder unterschieden zwischen dem, was auf Schülerebene gefördert werden kann, und dem, was auf der Organisationsebene getan werden kann, um das Schulklima zu optimieren.

Interventionen auf Schülerebene
Es fällt auf, dass es auf Schülerebene kaum spezifische Interventionsprogramme gibt, um das Schulklima zu trainieren. Natürlich werden viele Aspekte, die für das Schulklima wichtig sind, in anderen Programmen berücksichtigt (Kap. 4), z. B. Sozialkompetenz, Kommunikationskompetenz oder Sozialbeziehungen. Sicherlich wird sich das Schulklima verbessern, wenn beispielsweise durch das Faustlos-Programm (Cierpka 2005) das Aggressions- oder Gewaltpotenzial in einer Schule reduziert wird. Ebenso verhält es sich mit anderen Programmen, die nicht primär auf das Schulklima zielen, aber die soziale Interaktion innerhalb der Schule trainieren. Hier ist die Initiative „Fairplayer", die Mobbing an der Schule verhindern möchte, ein gutes Beispiel. Für diese und andere Ansätze gibt es einen guten Überblick bei Melzer et al. (2011).

An dieser Stelle wollen wir kurz auf ein spezifisches Training eingehen, das über eine Schulung der Lehrerinnen und Lehrer die Sozialkompetenz der Schülerinnen und Schüler verwandeln soll. Bornhoff und Bornhoff (2007) untersuchten in ihrer Dissertation die Wirksamkeit eines Schultrainings zur sozialen Kompetenz. Die Ziele des Trainings beschreiben die Autoren wie folgt:
„So wird in den einzelnen Arbeitsphasen verstärkt daran gearbeitet, dass die Schüler

* ihre Selbst- und Fremdwahrnehmung bezüglich des Erkennens und Differenzierens von Gefühlen und Gestimmtheiten, Bedürfnissen, sozialen Situationen und ihren Bedingungsfaktoren sowie verschiedenen – insbesondere selbstsicheren, unsicheren und aggressiven – Verhaltensmustern verbessern,
* die Bedeutung von Selbstverbalisationsprozessen erschließen und sich Fertigkeiten positiver Selbstinstruktion aneignen,
* Skills sozialer Kompetenzen sowie einen selbstsicheren Modus bei deren Anwendung erlernen, insbesondere ihre Fähigkeiten verbessern, sich durchzusetzen und zurückzunehmen, was wiederum mittelbar dazu beitragen soll,
* ihr Bewusstsein für eigenes Rollenverhalten zu schärfen und zugleich individuelle Rollenfindungsprozesse anzustoßen und zu befördern sowie
* ihr Kommunikations- und Interaktionsverhalten im Allgemeinen weiterzuentwickeln" (S. 61).

Im Training selbst schulten die Autoren zwei Tage lang Lehrkräfte, die danach in Trainingskursen für die Schülerinnen und Schüler deren Kompetenzen trainierten. In einer Evaluationsstudie wurde die Wirksamkeit dieses Trainings in zwei Interventionsschulen, in denen die Lehrerinnen und Lehrer trainiert wurden, und zwei Kontrollschulen, in denen die Lehrerinnen und Lehrer nicht trainiert wurden, überprüft. Zunächst wurde getestet, ob die Schülerinnen und Schüler der Interventionsgruppe über die Zeit hinweg einen Zuwachs in ihrer sozialen Kompetenz zeigten. Dieser Zuwachs konnte durch die Autoren gezeigt werden. Gleichzeitig veränderte sich die soziale Kompetenz der Schülerinnen und Schüler der Kontrollgruppen nicht. Das spricht für die Wirksamkeit des Trainingsprogramms bezüglich der sozialen Kompetenz der Schülerinnen und Schüler. Allerdings ließen sich durch diese kurzfristige Intervention – das Training wurde nur über einen kurzen Zeitraum hinweg untersucht – keine Verbesserungen des Schulklimas (Strenge und Kontrolle, Anregung und Vielfalt, Wärme, Betonung von Leistung) feststellen, die auf die Intervention zurückzuführen gewesen wären. Die Autoren diskutieren allerdings, dass eine Implementation in den Schulalltag von Trainingsbestandteilen eine höhere Chance haben kann, das Schulklima auch langfristig zu verbessern. Aber hierfür steht eine empirische Absicherung leider noch aus.

Interventionen auf der Ebene der Schulleitung
Bryk et al. (2010) weisen darauf hin, dass das Schulklima bzw. seine Fortentwicklung oder Verbesserung sehr stark von Entscheidungen und Handlungen der Schulleitung beeinflusst wird. Ähnlich argumentieren Cohen et al. (2009), die feststellen, dass auch unter widrigen gesellschaftlichen Bedingungen bzw. schwierigen Milieufaktoren die Schulleitung einen großen Einfluss auf die Gestaltung des Schulklimas haben kann.

Damit bewegen wir uns auf der Ebene der Organisation und schlagen kurz den Bogen zum Konzept der Führung. Bessoth (2003) wendet ein Führungskonzept aus den Organisationswissenschaften (Bergmann et al. 1999) auf die Schule an. Um ein positives Klima zu erreichen, müssen von der Leitungs- und Verwaltungsebene fünf Strategien angewendet werden (deren Anfangsbuchstaben das Wort KLIMA ergeben):

* *Kreiere eine fesselnde Zukunft:* Hier geht es um den Aufbau einer Vision, um ein geteiltes Ziel. Wie wir oben gesehen haben, sind Kooperation und Koordination wesentliche Triebfedern eines positiven Schulklimas. Damit ist der Aufbau eines gemeinsamen Zieles sehr wichtig. Es ähnelt in seiner Grundlegung einigen Managementkonzepten, die davon ausgehen, dass Mitarbeiterinnen und Mitarbeiter, denen klar ist, wo die Organisation (Schule) in fünf bis zehn Jahren stehen soll, stärker für eine Zusammenarbeit innerhalb der Organisation motiviert sind.
* *Lass die Lernenden die Schule antreiben:* Schülerorientierung ist ein wichtiges Schlagwort in der Unterrichts- und Schulforschung. Das Zentrum des all-

täglichen Tuns sollte die Kompetenz- und Persönlichkeitsentwicklung der Schülerinnen und Schüler sein. Das finale Kriterium ist somit der Lernerfolg bzw. die Persönlichkeitsentwicklung der Schülerinnen und Schüler. In den Organisationswissenschaften läuft diese Strategie unter dem Schlagwort der Kundenorientierung.

- *Involvierte jeden verfügbaren Kopf:* Hiermit ist die Partizipation von allen Akteuren in schulischen Belange und Prozessen gemeint. Alle Schülerinnen und Schüler, Eltern, Lehrerinnen und Lehrer, Verwaltungsangestellte sowie die Schulleitung sind in Entscheidungen, die die Schule als gesamte Einheit betreffen, mit einzubeziehen. Dieses Konzept spricht den Aspekt der Kommunikation und Zusammenarbeit an.

- *Manage die Arbeit horizontal:* Diese Strategie fußt auf der Erkenntnis, dass optimale Ergebnisse innerhalb einer Organisation dann erzielt werden, wenn Entscheidungen nicht von der Spitze an die ausführenden Organe durchgereicht werden (vertikale Organisation), sondern wenn über die Abteilungen hinweg miteinander kooperiert wird (horizontale Organisation). Für die Schule bedeutet dies, dass über Klassen hinweg, über Jahrgänge hinweg, aber auch über die Fachbereiche hinweg eine Zusammenarbeit angestrebt werden muss. Das positive kooperative Arbeitsklima sowie der Teamgeist der Lehrpersonen stellen dabei wichtige Ressourcen für die Fortentwicklung des Schulklimas dar (Goddard et al. 2000; Holtappels und Voss 2006).

- *Aufbau von Glaubwürdigkeit und Vertrauen:* Ein produktives Organisationsklima, und damit auch ein positives Schulklima, entsteht durch Vertrauen. Wenn man die Entscheidung, die in der Schule bzw. im Kollegium getroffen wurde, mitträgt, da man selbst beteiligt war oder der Expertise der Kolleginnen und Kollegen vertraut, entsteht daraus ein Arbeitsklima, das durch ein positives Miteinander geprägt wird und somit die Kompetenz- und Persönlichkeitsentwicklung sowohl der Schülerinnen und Schüler als auch die Arbeitszufriedenheit der Lehrerinnen und Lehrer fördern kann.

Fazit

Wie sagte der alte Briest so schön: „Glaube mir, Effi, das ist auch ein weites Feld" (Fontane 1894/95). Eigentlich könnte man an dieser Stelle das Fazit beenden. Aber das wäre feige. Natürlich haben wir es mit einem hochkomplexen System zu tun, das seinerseits wieder in andere Systeme eingebettet ist. Natürlich haben wir es mit mehreren, leider teilweise nicht ganz deckungsgleichen Dimensionen zu tun, die anderseits wieder interagieren können. Natürlich haben wir es mit einer uneindeutigen und unaufgeräumten Literaturlage zu tun. Aber wir denken, dass nach der Lektüre dieses Kapitels deutlich wurde, dass es sich lohnt, die Frage zu stellen, was am Schulklima für die Untersuchung von Lern- und Entwicklungsprozessen von Schülerinnen und Schülern im System Schule wichtig ist.

Ebenso sollte der Frage nachgegangen werden, wie sich das Schulklima auf die Gesundheit der Lehrerinnen und Lehrer auswirkt. Es lohnt also, sich die Frage zu stellen, was Schulklima ist, was es bewirkt, wo es herkommt und wie man es beeinflussen kann, da das Schulklima ja doch einige wesentliche Einflüsse auf die beteiligten Akteure zu haben scheint. Es bedarf allerdings noch viel Forschungsarbeit, um die Auswirkungen des Schulklimas besser von den Auswirkungen des Klassen- oder des Unterrichtsklimas zu trennen und um zu verstehen, wie Schulklima gefördert werden kann. … Aber da ist er wieder, der alte Briest.

Literatur

Anderson, C. S. (1982). The Search for School Climate: A Review of the Research. *Review of Educational Research*, *52*(3), 368–420. doi:10.3102/00346543052003368.

Astor, R. A., Benbenisty, R., & Estrada, J. N. (2009). School violence and theoretically atypical schools: The principal's centrality in orchestrating safe schools. *Educational Research Journal*, *46*, 423–461. doi:10.3102/0002831208329598.

Baumert, J., & Kunter, M. (2013). The COACTIV Model of Teachers' Professional Competence. In M. Kunter, J. Baumert, W. Blum, U. Klusmann, S. Krauss & M. Neubrand (Hrsg.), *Cognitive Activation in the Mathematics Classroom and Professional Competence of Teacher* (Bd. 8, S. 25–48). New York: Springer.

Bergmann, H., Hurson, K., & Russ-Eft, D. (1999). *Everyone a leader: A grassroots model for the new workplace*. New York: John Wiley and Sons.

Bessoth, R. (2003). K.L.I.M.A – Fünf Führungsstrategien, die alle ins Boot holen. *Pädagogische Führung*, *14*(3), 122–128.

Böhm-Kasper, O. (2004). *Schulische Belastung und Beanspruchung*. Münster: Waxmann.

Bornhoff, A., & Bornhoff, J. (2007). *SOKO – Ein Schultraining sozialer Kompetenzen und seine Auswirkungen auf die Lehrerbelastung und das Schulklima. Eine Untersuchung an Realschulen*. unveröffentlichte Dissertation, Ruprecht-Karls-Universität Heidelberg, Heidelberg.

Bos, W., Hornberg, S., Arnold, K.-H., Faust, G., Fried, L., Lankes, E.-M., & Valtin, R. (2010). *IGLU 2006 – die Grundschule auf dem Prüfstand. Vertiefende Analysen zu Rahmenbedingungen schulischen Lernens*. Münster: Waxmann.

Brand, S., Felner, R., Shim, M., Seitsinger, A., & Dumas, T. (2003). In *Middle school improvement and reform: Development and validation of a school-level assessment of climate, cultural pluralism, and school safety. Journal of Educational Psychology*, *95*(3), 570–588. doi:10.1037/0022-0663.95.3.570.

Bryk, A. S., & Schneider, B. L. (2002). *Trust in schools: A core resource for improvement*. New York: Russell Sage Foundation Publications.

Bryk, A. S., Sebring, P. B., Allensworth, E., Luppescu, S., & Easton, J. Q. (2010). *Organizing schools for improvement: Lessons from Chicago.* Chicago, IL: University of Chicago Press.

Cairns, L. (1987). Behavior problems. In M. J. Dunkin (Hrsg.), *International encyclopedia of teaching and teacher education* (S. 446–452). New York, NY: Pergamon.

Cierpka, M. (2005). *Faustlos – Wie Kinder Konflikte gewaltfrei lösen lernen.* Freiburg: Herder.

Cohen, J., McCabe, L., Michelli, N. M., & Pickeral, T. (2009). School climate: Research, policy, practice, and teacher education. *The Teachers College Record*, *111*(1), 180–213.

Collie, R. J., Shapka, J. D., & Perry, N. E. (2012). School climate and social – emotional learning: Predicting teacher stress, job satisfaction, and teaching efficacy. *Journal of Educational Psychology*, *104*(4), 1189–1204. doi:10.1037/a0029356.

Dalbert, C. (Hrsg.). (2013). *Gerechtigkeit in der Schule.* Wiesbaden: Springer VS.

deJung, J., & Duckworth, K. (1986). *High school teachers and their students' attendance: Final report.* Eugene: University of Oregon Center for Education Policy and Management, College of Education.

Eccles, J. S., & Roeser, R. W. (2011). Schools as developmental contexts during adolescence. *Journal of Research on Adolescence*, *21*(1), 225–241. doi:10.1111/j.1532-7795.2010.00725.x.

Eccles, J. S., Wigfield, A., Midgley, C., Reuman, D., Mac Iver, D., & Feldlaufer, H. (1993). Negative effects of traditional middle schools on students' motivation. *Elementary School Journal*, *93*(5), 553–574.

Eder, F. (1998). *Linzer Fragebogen zum Schul- und Klassenklima für die 8.–13-Klasse (LFSK 8–13) – Handanweisung.* Göttingen: Hogrefe.

Eder, F. (2002). Unterrichtsklima und Unterrichtsqualität. *Unterrichtswissenschaft*, *30*(3), 213–229.

Fend, H. (1977). *Schulklima.* Weinheim: Beltz.

Fend, H. (1982). *Gesamtschule im Vergleich: Bilanz der Ergebnisse des Gesamtschulversuchs.* Weinheim: Beltz.

Fend, H. (2008). *Neue Theorie der Schule* (2. Aufl.). Wiesbaden: VS.

Fontane, T. (1894/95). *Effie Briest.* Stuttgart: Philipp Reclam jun. GmbH & Co. KG.

Goddard, R. D., Hoy, W. K., & Hoy, A. W. (2000). Collective Teacher Efficacy: Its Meaning, Measure, and Impact on Student Achievement. *American Educational Research Journal*, *37*(2), 479–507. doi:10.3102/00028312037002479.

Götz, T., Frenzel, A. C., & Pekrun, R. (2008). Sozialklima in der Schule. In W. Schneider & M. Hasselhorn (Hrsg.), *Handbuch der Pädagogischen Psychologie* (S. 503–514). Göttingen: Hogrefe.

Gregory, A., Cornell, D., Fan, X., Sheras, P., Shih, T.-H., & Huang, F. (2010). Authoritative school discipline: High school practices associated with lower bullying and victimization. *Journal of Educational Psychology*, *102*(2), 483–496. doi:10.1037/a0018562.

Haynes, N. M., Emmons, C. L., & Corner, J. P. (1994). *School Climate Survey: Elementary and middle school version*. New Haven: Yale University, Child Study Center, School Development Program.

Hoge, D. R., Smit, E. K., & Hanson, S. L. (1990). School experiences predicting changes in self-esteem of sixth- and seventh-grade students. *Journal of Educational Psychology*, *82*(1), 117–127.

Holtappels, H. G., & Voss, A. (2006). *Organisationskultur und Lernkultur. Jahrbuch Schulentwicklung*. Bd. 14. Weinheim und München: Juventa.

Hoy, W. K., & Hannum, J. W. (1997). Middle school climate: An empirical assessment of organizational health and student Achievement. *Educational Administration Quarterly*, *33*(3), 290–311. doi:10.1177/0013161x97033003003.

Hoy, W. K., Smith, P. A., & Sweetland, S. R. (2002). The development of the organizational climate index for high schools: Its measure and relationship to faculty trust. *The High School Journal*, *86*(2), 38–49. doi:10.1353/hsj.2002.0023.

Johnson, B., Stevens, J. J., & Zvoch, K. (2007). Teachers' perceptions of school climate: A validity study of scores from the revised school level environment questionnaire. *Educational and Psychological Measurement*, *67*(5), 833–844. doi:10.1177/0013164406299102.

Karcher, M. J. (2004). Connectedness and school violence: A framework for developmental interventions. In E. Gerler (Hrsg.), *Handbook of school violence* (S. 7–42). Binghamton: Haworth.

Kasen, S., Johnson, J., & Cohen, P. (1990). The impact of school emotional climate on student psychopathology. *Journal of Abnormal Child Psychology*, *18*(2), 165–177. doi:10.1007/bf00910728.

Keefe, J. W., Kelley, E. A., & Miller, S. K. (1985). School climate: Clear definitions and a model for a larger setting. *NASSP Bulletin*, *69*(484), 70–77. doi:10.1177/019263658506948416.

Kohl, D., Recchia, S., & Steffgen, G. (2013). Measuring school climate: an overview of measurement scales. *Educational Research*, *55*(4), 411–426. doi:10.1080/00131881.2013.844944.

Kosciw, J. G., Greytak, E. A., Bartkiewicz, M. J., Boesen, M. J., & Palmer, N. A. (2012). *The 2011 National School Climate Survey: The Experiences of Lesbian, Gay, Bisexual and Transgender Youth in Our Nation's Schools*. New York: GLSEN.

Kunter, M., & Trautwein, U. (2013). *Psychologie des Unterrichts*. Paderborn: Ferdinand Schöningh.

Kuperminc, G. P., Leadbeater, B. J., Emmons, C., & Blatt, S. J. (1997). Perceived school climate and difficulties in the social adjustment of middle school students. *Applied Developmental Science*, *1*(2), 76–88. doi:10.1207/s1532480xads0102_2.

Kuperminc, G. P., Leadbeater, B. J., & Blatt, S. J. (2001). School social climate and individual differences in vulnerability to psychopathology among middle school students. *Journal of School Psychology, 39*(2), 141–159. doi:10.1016/s0022-4405(01)00059-0.

Lee, T., Cornell, D., Gregory, A., & Fan, X. (2011). High suspension schools and dropout rates for black and white students. *Education and Treatment of Children, 34*(2), 167–192. doi:10.1353/etc.2011.0014.

Maslow, A. H. (1943). A theory of human motivation. *Psychological Review, 50*, 370–396. doi:10.1037/h0054346.

Melzer, W., Schubarth, W., & Ehninger, F. (2011). *Gewaltprävention und Schulentwicklung* (2. Aufl.). Bad Heilbrunn: Klinkhardt.

Möller, J., & Trautwein, U. (2009). Selbstkonzept. In E. Wild & J. Möller (Hrsg.), *Pädagogische Psychologie* (S. 179–203). Berlin, Heidelberg: Springer.

National School Climate Center. (o. J.). *What is school climate?* www.schoolclimate.org/climate/. Zugegriffen: 04.02.2016.

Nerdinger, F. W. (2014). Organisationsklima und Organisationskultur. In F. W. Nerdinger, G. Blickle & N. Schaper (Hrsg.), *Arbeits- und Organisationspsychologie* (S. 143–157). Berlin, Heidelberg: Springer.

Payton, J., Weissberg, R. P., Durlak, J. A., Dymnicki, A. B., Taylor, R. D., Schellinger, K. B., & Pachan, M. (2008). The positive impact of social and emotional learning for Kindergarten to eighth-grade students: Findings from three scientific reviews. Technical Report. *Collaborative for Academic, Social, and Emotional Learning (NJ1)*.

Purkey, S. C., & Smith, M. S. (1983). Effective Schools: A Review. *The Elementary School Journal, 83*(4), 427–452. doi:10.1086/461325.

Reynolds, D., Jones, D., St. Leger, S., & Murgatroyd, S. (1980). School factors and truancy. In L. Hersove & I. Berg (Hrsg.), *Out of school: Modern perspectives in truancy and school refusal* (S. 27–39). Chichester, UK: Wiley.

v. Rosenstiel, L., & Nerdinger, F. (2011). *Grundlagen der Organisationspsychologie: Basiswissen und Anwendungshinweise*. Stuttgart: Poeschel.

Rothland, M., & Terhart, E. (2010). Forschung zum Lehrerberuf. In R. Tippelt & B. Schmidt (Hrsg.), *Handbuch Bildungsforschung* (S. 791–810). Wiesbaden: VS.

Rumberger, R. W. (1987). High school dropouts: A review of issues and evidence. *Review of Educational Research, 57*(2), 101. doi:10.3102/00346543057002101.

Ruus, V.-R., Veisson, M., Leino, M., Ots, L., Pallas, L., Sarv, E.-S., & Veisson, A. (2007). Students' well-being, coping, academic success, and school climate. *Social Behavior and Personality: an international Journal, 35*(7), 919–936. doi:10.2224/sbp.2007.35.7.919.

Schaarschmidt, U., & Kieschke, U. (2013). Beanspruchungsmuster im Lehrerberuf Ergebnisse und Schlussfolgerungen aus der Potsdamer Lehrerstudie. In M. Rothland (Hrsg.), *Belastung und Beanspruchung im Lehrerberuf* (S. 81–97). Wiesbaden: Springer Fachmedien.

Scheithauer, H., Hayer, T., & Bull, H. D. (2007). Gewalt an Schulen am Beispiel von Bullying. *Zeitschrift für Sozialpsychologie, 38*(3), 141–152. doi:10.1024/0044-3514.38.3.141.

Shochet, I. M., Dadds, M. R., Ham, D., & Montague, R. (2006). School connectedness is an underemphasized parameter in adolescent mental health: results of a community prediction study. *Journal of Clinical Child and Adolescent Psychology, 35*(2), 170–179. doi:10.1207/s15374424jccp3502_1.

Statistisches Bundesamt (2015). *Bildung und Kultur – Allgemeinbildende Schulen.* Fachserie 11 Reihe 1, Bd. 11. Wiesbaden: Statistisches Bundesamt.

Thapa, A., Cohen, J., Guffey, S., & Higgins-D'Alessandro, A. (2013). A review of school climate research. *Review of Educational Research, 83*(3), 357–385. doi:10.3102/0034654313483907.

Virtanen, M., Kivimäki, M., Luopa, P., Vahtera, J., Elovainio, M., Jokela, J., & Pietikäinen, M. (2009). Staff reports of psychosocial climate at school and adolescents' health, truancy and health education in Finland. *The European Journal of Public Health, 19*(5), 554–560. doi:10.1093/eurpub/ckp032.

Vodafone Stiftung Deutschland (2013). *Qualitätsmerkmale schulischer Elternarbeit – Ein Kompass für die partnerschaftliche Zusammenarbeit von Schule und Elternhaus.* Düsseldorf: Vodafone_Stiftung_Deutschland.

Way, N., Reddy, R., & Rhodes, J. (2007). Students' perceptions of school climate during the middle school years: associations with trajectories of psychological and behavioral adjustment. *American journal of community psychology, 40*(3-4), 194–213. doi:10.1007/s10464-007-9143-y.

Wu, S.-C., Pink, W., Crain, R., & Moles, O. (1982). Student suspension: A critical reappraisal. *The Urban Review, 14*(4), 245–303. doi:10.1007/BF02171974.

4

Klassenklima

4.1 Was ist das?

> **Klassenklima** Das Klassenklima (Mikroebene) wird als die sozial geteilte subjektive Repräsentation wichtiger Merkmale der Schulklasse als Lernumwelt gesehen (Götz et al. 2008). Dazu zählen nach Eder (2002) die physische Umwelt der Klasse, soziale Beziehungen, Erwartungen hinsichtlich Leistung und Verhalten, die Art und Weise, wie Lernprozesse ablaufen, sowie Werte und Normen in der Klasse.

Hinsichtlich des Klassenklimas ist zunächst wichtig zu wissen, in welchem Rahmen sich so ein Klassenklima bildet. Hierbei spielen die Mitglieder einer Klasse und die sozialen Beziehungen zwischen ihnen eine wichtige Rolle. Das heißt, Klassengemeinschaften bestehen aus maximal 33 Personen, bei denen jeder von ihnen unterschiedliche Voraussetzungen an Motivation, Intelligenz oder Musikgeschmack (mehr oder weniger vom Elternhaus toleriert) mitbringt. Zusätzlich interagieren diese Personen miteinander und können Beziehungen zueinander eingehen. Freundschaften und Cliquen können entstehen. Da diese Beziehungsformen eine hohe Bedeutung im Zusammenhang mit dem Klassenklima haben und auch für die Jugendlichen selbst einen wichtigen Part in ihrem Leben einnehmen, möchten wir auf diese Beziehungsformen konkreter eingehen.

Insbesondere Freundschaften, die zwei Personen im wechselseitigen Einverständnis schließen haben für Jugendliche und deren Entwicklung einen hohen Stellenwert (Hartup 1989). Die Möglichkeit, sich über persönliche Gefühlswelten austauschen zu können und sich wechselseitig in emotionalen Belastungssituationen zu unterstützen, ist speziell im Jugendalter sehr wichtig. Manche spezifischen Gefühlslagen und deren Ursachen lassen sich von den Eltern nicht mehr so einfach nachvollziehen wie z. B. von einem gleichaltrigen Freund. Freunde können wiederum in größere Gruppen Gleichaltriger integriert sein. Hier kommt der Begriff der Clique ins Spiel. Dieser ist so definiert, dass eine Clique eine größere Gruppe von Gleichaltrigen ist (Hinde 1987). Allerdings müssen sich innerhalb der Clique nicht alle wechselseitig als befreundet ansehen (Brown und Larson 2009). Insbesondere Cliquen als größere

© Springer-Verlag GmbH Deutschland 2017
M. Reindl und B. Gniewosz, *Prima Klima: Schule ist mehr als Unterricht*, Kritisch hinterfragt,
DOI 10.1007/978-3-662-50353-9_4

Gruppen bieten den Jugendlichen die Möglichkeit, sich akzeptiert in einer größeren Gemeinschaft zu fühlen (Hartup 1989). Außerdem bieten Cliquen neben Freundschaften die Möglichkeit, Werte und Einstellungen wechselseitig zu hinterfragen und so zu einer Identitätsentwicklung beizutragen.

Die große Bedeutung dieser Beziehungen sieht man an Kindern und Jugendlichen, die in keinerlei Beziehungsform integriert sind. Das Gefühl als Außenseiter zu gelten, schlägt sich z. B. auf die sozioemotionale Entwicklung nieder (Laursen et al. 2007). Umso wichtiger ist es, dass Schülerinnen und Schüler untereinander Beziehungen aufbauen, die ihnen ein Gefühl der Akzeptanz vermitteln. Hierbei wird schon ein wichtiges Merkmal des Klassenklimas im Rahmen der interpersonalen Merkmale angesprochen, nämlich wie die wechselseitigen Beziehungen wahrgenommen werden. Allerdings ist das Klima innerhalb der Klasse, wie man auch an Eders (2002) Definition sieht, nicht allein durch soziale Beziehungen in der Klasse definiert. Zusätzlich können auch die Eigenschaften der Schülerinnen und Schüler selbst wahrgenommen werden und zu den personalen Merkmalen des Klassenklimas gerechnet werden. Beispielhaft könnte hier die allgemeine Motivation in der Klasse betrachtet werden. Dabei kann danach gefragt werden, ob alle Klassenmitglieder Spaß am Lernen haben. Ein weiterer von Eder (2002) ebenfalls erwähnter Punkt ist die physische Ausstattung der Klasse. Das heißt, dass Klima auch ein Merkmal sein kann, das sich auf strukturelle Gegebenheiten im Klassenzimmer bezieht, z. B. die Ausstattung an Computern.

Hieran sieht man, dass es nicht *das eine* Klassenklima gibt. In der Forschung werden immer nur einzelne spezifische Merkmale des Klassenklimas betrachtet. Dies macht es oftmals schwierig, Studienergebnisse zu bündeln. So thematisieren Studien zwar Klassenklima, fokussieren aber einmal personale Merkmale, z. B. die wahrgenommene Motivation in der Klasse, und ein anderes Mal ein Beziehungsmerkmal, z. B. die wahrgenommene soziale Unterstützung in der Klasse. Häufig werden auch die Kontexte Lehrende und Lernende unter dem Begriff des Klassenklimas zusammengefasst. Da Schüler-Schüler-Beziehungen allerdings im Vergleich zu Lehrer-Schüler-Beziehungen unterschiedlich organisiert sind, indem Lehrerinnen und Lehrer in einer hierarchisch geordneten Beziehungsform zu den Schülerinnen und Schüler stehen, wohingegen Schülerinnen und Schüler eher horizontale Beziehungen zueinander haben, nehmen wir hiervon Abstand (für weitere Erklärungen siehe Nerd-Exkurs: Aufteilung der Mikroebene in Klassen- und Unterrichtsklima). Auf den Kontext der Lehrpersonen werden wir in Kap. 5 genauer eingehen. Daher werden wir bei der Beschreibung der Merkmale keine rein unterrichtsbezogenen Merkmale thematisieren. Konkret würde hierbei ein motivationales Merkmal ("In unserer Klasse haben alle Spaß am Lernen") nicht zwingend von der Lehrkraft abhängen. An der Entwicklung der Motivation haben z. B. auch Eltern einen großen Anteil.

Weiterhin ist zu erwähnen, dass die Stabilität einer Klassengemeinschaft im Verlauf der Schullaufbahn im internationalen Vergleich zu berücksichtigen ist. Zum Beispiel erfolgt im deutschen Schulsystem eine Selektion auf weiterführende Schulen relativ früh (in den meisten Bundesländern nach der vierten Klasse). In der Sekundarstufe bleiben die Klassengemeinschaften dann relativ stabil – im Gegensatz z. B. zum amerikanischen Schulsystem, das ein Kurssystem verfolgt, in dem die Klassen zu jedem Unterrichtsfach neu „zusammengewürfelt" werden. Infolgedessen hängen die Klassengemeinschaften und somit ein spezifisches Klassenklima immer von landestypischen Organisationsformen des Schulsystems (Kap. 2) ab. Im deutschen Schulsystem kann Klassenklima als ein Klima bezeichnet werden, in dem Schülerinnen und Schüler weitestgehend fachübergreifend in der gleichen Konstellation miteinander interagieren.

?

Wie kann man Klassenklima messen?

Die Landauer Skalen zum Sozialklima (LASSO) (Saldern und Littig 1987) erfassen die Wahrnehmung der Umwelt über eine Fragebogenmethode. Der Altersbereich erstreckt sich hierbei über die komplette Sekundarstufe 1 und 2. Die Skalen lassen sich in drei Oberbereiche unterteilen, die sowohl dem Klassenklima als auch dem Unterrichtsklima zugeordnet werden können:

1. Lehrer-Schüler-Beziehung,
2. Schüler-Schüler-Beziehung,
3. Allgemeine Merkmale des Unterrichts.

Die Skalen, die nach unserer Unterteilung in diesem Buch für das Klassenklima relevant sind, beziehen sich auf die Schüler-Schüler-Beziehung. Es wird z. B. nach dem Ausmaß der Cliquenbildung, der Hilfsbereitschaft der Mitschülerinnen und Mitschüler oder dem Konkurrenzverhalten der Mitschülerinnen und Mitschüler gefragt. Der Vorteil dieses Instruments ist es, dass die Individualwerte der Schülerinnen und Schüler sowohl auf Klassenebene als auch auf Schulebene aggregiert werden können. Das bedeutet, dass dieses Instrument ebenfalls für die Erhebung von Schulklimamerkmalen zum Einsatz kommen kann.

Beziehungsmerkmale (interpersonale Merkmale)
Wie oben beschrieben, besteht eine Klassengemeinschaft aus unterschiedlichen Beziehungsformen. Diese Beziehungen, die wiederum eine Klassenge-

meinschaft konstituieren, haben unterschiedliche Erscheinungsformen, sei es in Quantität oder Qualität. Die Quantität bezieht sich dabei auf die Häufigkeit an Freundschaften, die Art der Cliquenbildung oder die Häufigkeit an Außenseitern. Qualitätsmerkmale, die diese Beziehungen zwischen den Klassenmitgliedern charakterisieren, sind z. B. die Akzeptanz vs. Ausgrenzung, soziale Unterstützung und der Wettbewerbscharakter innerhalb einer Klasse. Im Folgenden werden wir auf diese Bereiche genauer eingehen.

Akzeptanz vs. Ausgrenzung

Akzeptanz bzw. Zurückweisung ist definiert darüber, wie beliebt bzw. nicht beliebt (relativ zu dem wie beliebt jemand in der Klasse) ist (Bukowski und Hoza 1989; Ladd 1999). Es kann z. B. der Fall sein, dass ein Schüler – nennen wir ihn Bart – bei nur einer Person in der Klasse sehr beliebt ist, allerdings bei allen anderen Personen als sehr unbeliebt eingeschätzt wird. Analog kann eine andere Person Y – nennen wir sie Lisa – bei vielen Personen in der Klasse sehr beliebt sein und nur bei wenigen eher unbeliebt. Folglich lässt sich über die Fremdeinschätzung der Klassenmitglieder erahnen, wie gut bzw. wie schlecht akzeptiert sich jemand in einer Klasse fühlt. Bart zieht hier im Vergleich zu Lisa den Kürzeren. Diese Akzeptanz lässt sich durch verschiedene Verfahren erfassen, z. B. indem man die subjektive Wahrnehmung aller Beteiligten in der Klasse zu erfragt, etwa ob es in der Klasse viele Außenseiter gibt (dieses Verfahren kommt der Klimadefinition wohl am nächsten). Eine weitere Erfassungsmöglichkeit haben wir im folgenden Exkurs dargestellt.

Exkurs

Erfassung der Akzeptanz durch Soziometrie

Eine weitere Möglichkeit, um auf die Akzeptanz innerhalb einer Klasse zu schließen, wäre die Anwendung der Methode der Soziometrie. Jede Schülerin bzw. jeder Schüler wird mithilfe von zwei Fragen bezüglich deren Akzeptanz eingestuft. Die erste Frage zielt darauf ab, wie beliebt die Schülerin bzw. der Schüler in einer Klasse ist, die zweite Frage darauf, wie unbeliebt. Hierüber kann nun der relative Status einer Schülerin bzw. eines Schülers ermittelt werden. Dieser Wert sagt zunächst nur etwas darüber aus, wie beliebt eine einzelne Schülerin bzw. ein einzelner Schüler in der Klasse ist und ob sie bzw. er sich möglicherweise akzeptiert fühlt. Möchte man nun aber einen Rückschluss auf den durchschnittlichen Akzeptanzwert in der Klasse ziehen (also wie integriert sich die Schülerinnen und Schüler im Durchschnitt in eine Klassengemeinschaft fühlen), muss aus den Werten die durchschnittliche Beliebtheit relativ zur Unbeliebtheit errechnet werden. Fällt somit ein hoher Beliebtheitswert mit einem gleichzeitig geringen Unbeliebtheitswert zusammen, könnte man über diesen Indikator annehmen, dass sich die Schülerinnen und Schüler auch subjektiv in der Klassengemeinschaft gut akzeptiert und integriert fühlen.

Soziale Unterstützung

Wenn sich Schülerinnen und Schüler in eine Klassengemeinschaft integriert und auch akzeptiert fühlen, kann das die Basis für eine wechselseitige Unterstützung darstellen, die sich sowohl auf schulische als auch außerschulische Thematiken beziehen kann (Ladd et al. 2009). Schulische Problemsituationen können z. B. Probleme bei den Hausaufgaben betreffen, außerschulische Problemsituationen hingegen emotionale Probleme im privaten Bereich der Schülerinnen und Schüler. Denkt man an die Trennung der damaligen Boyband Take That zurück, hat diese Unterstützung sicherlich einige vor einem Zusammenbruch bewahrt. Hier wird wiederum auch deutlich, warum emotionale Befindlichkeiten und deren Ursache von Gleichaltrigen manchmal besser nachvollzogen werden können als von Eltern.

Wettbewerbscharakter

Je nachdem wie sehr Schülerinnen und Schüler in Klassen auf ihren eigenen Vorteil bedacht sind, gestaltet sich auch der Wettbewerbscharakter (König 2009). Das heißt, wenn Schülerinnen und Schüler sich immer wechselseitig übertreffen wollen, herrscht in der Klasse eine hohe Wettbewerbsorientierung. Die Klassengemeinschaft ist dadurch geprägt, dass Leistungen ein konstituierendes Merkmal von Beziehungen sind, d. h. ein Schüler beschreibt seine Beziehungen zu seinen Mitschülerinnen und Mitschülern in Bezug zu seinen eigenen Leistungen. Ein hoher Wettbewerbscharakter kann auch mit einer geringen sozialen Unterstützung einhergehen, da es Ziel ist, dass eigene Leistungen immer besser sind als die Leistungen der anderen. Daher ist anzunehmen, dass auch die Unterstützung bei schulischen Fragen zurückgeht.

Personale Merkmale

Motivationale Merkmale Ein personales Merkmal ist die Motivation. Hierbei lassen sich verschiedene motivationale Orientierungen unterscheiden, warum Klassengemeinschaften bestimmte Ziele verfolgen. Diese Ziele können in Nah- und Fernziele unterteilt werden. Ob ich bei der nächsten Matheschulaufgabe gut abschneiden oder Mitglied einer Rockband werden möchte, ist zeitlich unterschiedlich schnell realisierbar – es sei denn, man ist verwandt mit Axel Rose (bekannter Rock Sänger von Guns N' Roses).

Diese Ziele zu erreichen, haben Personen unterschiedliche Beweggründe. Bleiben wir als Beispiel bei dem mehr oder weniger realistischen Nahziel, in der nächsten Matheschulaufgabe gut abzuschneiden, und übertragen es auf den Klimabegriff. Das heißt, wir schauen uns nicht mehr die Beweggründe einer einzelnen Person an, sondern die Wahrnehmung der Beweggründe in der gesamten Klasse. Folgende Beweggründe können dafür verantwortlich gemacht werden, dass sich die ganze Klasse mit Mathematik beschäftigt:

1. *Lernzielorientierungen:* Jeder in der Klasse möchte etwas dazulernen.
2. *Intrinsischer Wert:* Jedem in der Klasse macht Mathematik Spaß.

In diesem Zusammenhang möchten wir zwei Theorien vorstellen, die diese Beweggründe nochmals thematisieren. Da das Feld der Motivationstheorien ein sehr weites ist, können hier nicht alle theoretischen Konzepte aufgeführt werden.

1. *Zielorientierungen:* Zielorientierungen beschreiben, auf welche Ziele Personen in Lern- und Leistungskontexten ausgerichtet sind (z. B. Dweck 1986; Nicholls 1984). Trotz vieler theoretischer Richtungen innerhalb der Zielorientierungen lässt sich eine globale Unterscheidung zwischen Lern- und Leistungszielen festhalten. Dabei ist die Lernzielorientierung definiert über das Ziel, den eigenen Wissensstand zu verbessern (Dweck 1986; Nicholls 1984), wohingegen sich die Leistungszielorientierung auf die Demonstration der eigenen Kompetenz in Bezug zu einer sozialen Gruppe bezieht. So kann das Klima in einer Klasse geprägt sein von einer hohen Lernzielorientierung, d. h., allen Schülerinnen und Schülern ist es wichtig, etwas dazuzulernen, oder von einer hohen Leistungszielorientierung, d. h., jedes Klassenmitglied möchte die eigenen Leistungen demonstrieren.
2. *Wertzuschreibungen:* Tätigkeitsbezogene Werte sind als Anreize zu fassen, die in Lern- und Leistungshandlungen oder deren Konsequenzen liegen. Hierbei lassen sich Dimensionen der persönlichen Bedeutsamkeit („In unserer Klasse ist Mathematik jedem wichtig"), der wahrgenommenen Nützlichkeit („In unserer Klasse braucht jeder Mathematik für seinen späteren Berufswunsch"), dem intrinsischen Wert („In unserer Klasse macht Mathematik jedem Spaß") als auch der Kosten („Durch die Beschäftigung mit Mathematik haben alle weniger Zeit, um sich zu treffen") einer Tätigkeit unterscheiden (Eccles 2004). In Studien zeigt sich, dass die Motivation deutlich in allen Bereichen über den Schulverlauf zurückgeht (Fredricks und Eccles 2002; Frenzel et al. 2010; Gottfried et al. 2001; Jacobs et al. 2002). Dieser Rückgang ist allerdings nicht nur negativ zu bewerten, sondern kann auch Folge davon sein, dass sich individuelle Interessen herausbilden, d. h., dass man z. B. Mathe zwar doof findet, Deutsch hingegen aber ganz gut. Basierend auf dem allgemeinen Rückgang der Motivation

ist anzunehmen, dass auch motivationale Klimamerkmale (z. B. „In unserer Klasse haben alle Spaß an Mathematik") einer Veränderung unterliegen, nämlich einem Rückgang über die Schullaufbahn.

Emotionale Merkmale
Personale Merkmale, die kollektiv wahrgenommen werden, können sich auch auf Emotionen in einer Klasse beziehen. Insbesondere im schulischen Kontext spielt das Modell der Lern- und Leistungsemotionen von Pekrun (2006) eine wichtige Rolle. Hierbei werden Emotionen nach ihren Auswirkungen für Lern- und Leistungsverhalten eingeordnet, z. B. Freude („In unserer Klasse freut sich jeder auf die Hausaufgaben") – als positive aktivierende Emotion – oder Langeweile („In unserer Klasse ist jeder gelangweilt bei den Hausaufgaben") – als negative, deaktivierende Emotion. Ein häufig beschriebenes Phänomen bezieht sich hierbei auf die Prüfungsangst, die neben Emotionen wie Freude und Langeweile in Selbstberichten häufig erwähnt wird (Götz et al. 2004).

Behaviorale Merkmale
Zu den behavioralen Merkmalen zählt z. B. die Wahrnehmung der Leistungsstärke in der Klasse. Hierbei ist zu berücksichtigen, dass in der Sekundarstufe die Zusammensetzung der Klassenmitglieder deutlich homogener wird im Vergleich zur Primarstufe, was die Varianz in den Leistungen der Schülerinnen und Schüler reduzieren kann, d. h. auch die allgemeine Wahrnehmung der Leistungsstärke in der Klasse wird homogener.

Physische Umwelt
Die physische Umwelt der Klasse betrifft die Ausstattung und Qualität der Einrichtung (z. B. die Sitzordnung).

4.2 Was macht das?

Vielleicht fragen Sie sich, warum es so wichtig ist, sich mit Merkmalen des Klassenklimas zu beschäftigen. Merkmale des Klassenklimas können entscheidend die Entwicklung von Schülerinnen und Schülern beeinflussen, sowohl hinsichtlich des Lern- und Leistungsverhaltens als auch hinsichtlich außerschulischer Dimensionen, z. B. der sozioemotionalen Entwicklung und der Toleranz als Teil der politischen Sozialisation. Bei der Literaturrecherche zu diesem Punkt ist bei einer oberflächlichen Betrachtung viel Material zu finden. Sieht man sich die Studien hingegen genauer an, stellt man häufig fest, dass – wie bereits beim Schulklima – oftmals nicht die Merkmale erhoben wurden, die es nach gängiger Definition gebraucht hätte. So fokussiert ein Großteil der Studien auf Lehrer-Schüler-Beziehungen und auf die Vermittlung von Unterrichtsinhalten. Wenn man sich mit Merkmalen des Klassenklimas beschäftigt, so wie wir sie in der Definition dieses Buches fokussieren, ist die Forschungslage schon deutlich übersichtlicher. Im Folgenden werden wir daher mögliche Einflüsse von Klimamerkmalen theoretisch erklären und wenn möglich, mit Beispielstudien belegen. Für ein besseres Verständnis der Studienergebnisse möchten wir nochmals auf die Unterscheidung zwischen psychologischem und kollektivem Klima (Abschn. 1.4) hinweisen.

Motivation

Motivierte Schülerinnen und Schüler zeigen bessere Leistungen. Dieser Zusammenhang wurde schon vielfach in Studien nachgewiesen (vgl. zusammenfassend Eccles 2007). Somit stellt sich die Frage, ob möglicherweise auch Merkmale des Klassenklimas die Motivation der Schülerinnen und Schüler beeinflussen können. Sieht man sich Beziehungsmerkmale des Klassenklimas an, lässt sich ein Einfluss auf Basis einer bekannten Motivationstheorie erklären, nämlich der Selbstbestimmungstheorie nach Deci und Ryan (1985). Diese Theorie geht davon aus, dass für die Entwicklung der Motivation (hier der intrinsischen Motivation „Spaß am Lernen") drei Grundbedürfnisse erfüllt sein sollen, nämlich Autonomie, Kompetenz und soziale Eingebundenheit. Hierbei sind Autonomie und Kompetenzerleben eher von den Lehrpersonen zu unterstützende Grundbedürfnisse (Kap. 5). Im Rahmen des Klassenklimas ist eher die soziale Eingebundenheit von Bedeutung. Soziale Eingebundenheit bedeutet dabei, dass sich die Schülerinnen und Schüler in eine Klassengemeinschaft integriert fühlen und sich auch wechselseitig unterstützen. Nur wenn sich Schülerinnen und Schüler akzeptiert und in einer Klasse angenommen fühlen, können sie sich auch Inhalten des Unterrichts mit Freude widmen. Ist dieses Grundbedürfnis nicht erfüllt, kann man sich gut vorstellen, dass Schülerinnen und Schüler zuerst versuchen, dieses elementare Grundbedürfnis nach sozialen Kontakten zu befriedigen, bevor sie sich damit auseinandersetzen, wie man die neunte Wurzel aus p berechnet. Das erklärt vielleicht so manches Nebengespräch im Matheunterricht. Es ist festzuhalten, dass es sehr viele Studien gibt, die den Einfluss der sozialen Eingebundenheit auf die Motivation von Schülerinnen und Schülern untersucht haben. Allerdings fokussieren diese Studien die soziale Eingebundenheit nicht als Klimamerkmal („In unserer Klasse fühlen sich alle Schülerinnen und Schüler als Teil der Gemeinschaft"), sondern eher als Individualmerkmal („Ich fühle mich in unserer Klasse wohl").

Die Entwicklung der intrinsischen Motivation im Zusammenhang mit einem Beziehungsmerkmal des Klassenklimas wurde in einer Studie von Reindl et al. (2015) untersucht. Hierbei stellten sich die Forscherinnen und Forscher die Frage, ob die Wahrnehmung einer geringen sozialen Eingebundenheit in der Klasse den Rückgang der Motivation noch verstärkt bzw. ob eine hohe soziale Eingebundenheit dem Rückgang der Motivation entgegenwirkt. Für die Untersuchung dieser Fragestellung wurden Schülerinnen und Schüler der fünften und siebten Jahrgangsstufe über drei Messzeitpunkte zu ihrer Motivation in Mathematik („Ich habe Spaß an Mathematik") und der Wahrnehmung der sozialen Eingebundenheit in der Klasse („In unserer Klasse unterstützt sich niemand") abgefragt. Die Einflüsse des Beziehungsmerkmals wurden sowohl für das psychologische als auch das kollektive Klassenklima untersucht. Die Ergebnisse zeigen, dass das kollektive Klassenklima einen Einfluss auf die Entwicklung der Motivation hat, d. h., je negativer die soziale Eingebundenheit in der Klasse wahrgenommen wird, desto stärker ist auch der Abfall in der Motivation. Gleichzeitig zeigt sich, dass bei der Wahrnehmung einer vergleichsweise hohen sozialen Eingebundenheit die Motivation auf einem relativ stabilen Niveau bleibt. Für das psychologische Klassenklima fand sich kein Effekt auf die Motivation. Daraus können wir folgern, dass vermutlich eher die objektive Einschätzung durch alle Personen in der Klasse den Effekt bestimmt und weniger eine verzerrte Wahrnehmung einer einzelnen Person. Die Studie zeigt, dass ein Rückgang der Motivation nicht per se bei allen Schülerinnen und Schülern eintreten muss. Je nachdem, wie sicher und unterstützt sich Schülerinnen und Schüler in ihrer Klasse fühlen, können Motivationsverläufe sogar positiv beeinflusst werden.

Weiterhin ist es auch plausibel anzunehmen, dass personale Merkmale des Klassenklimas, z. B. die wahrgenommene Motivation in einer Klasse, die individuelle Motivation einer Schülerin bzw. eines Schülers beeinflusst. Wie kann man sich diesen Prozess vorstellen? Eine Schülerin bzw. ein Schüler nimmt in der Klasse eine durchschnittlich hohe Motivation im Fach Mathematik wahr, während die eigene Motivation nicht hoch ist. Eine Ursache kann dafür sein, dass die Schülerin bzw. der Schüler in einer Klasse ist, in der viele Schülerinnen und Schüler eine vergleichsweise höhere Motivation in Mathematik haben. Diese durchschnittlich hohe Motivation kann nun einen Effekt auf die individuelle Motivation der Schülerin bzw. des Schülers haben, d. h., durch die Wahrnehmung der Motivation anderer Klassenmitglieder kann sich auch die individuelle Motivation erhöhen. Hierbei kommt wieder das Grundbedürfnis nach Akzeptanz und sozialer Eingebundenheit zum Tragen. Die Angleichung an Werte wie „Spaß an Mathematik" kann Ursache dafür sein, dass sich Beziehungen auf Basis von Gleichheit bilden.

Allerdings kann auch ein gegenteiliger Effekt der Fall sein, wie es der Fischteicheffekt (*big-fish-little-pond-effect*) postuliert. Dieser geht davon aus, dass durch den Vergleich der eigenen Leistungen mit den Leistungen in der Klasse die Wahrnehmung der eigenen Fähigkeiten und folglich die eigene Motivation verändert werden können. Geht man nun von einem leistungsstarken Schüler aus (also einem *big fish*), wird der Vergleich mit anderen leistungsschwächeren Klassenmitgliedern für ihn eher positiv ausfallen. Seine Selbsteinschätzung der Fähigkeiten wird sich verbessern, was wiederum seine Motivation positiv beeinflusst. Geht man allerdings von einem leistungsschwachen Schüler (*little fish*) aus, wird sich der Vergleich mit leistungsstärkeren Schülerinnen und Schülern eher negativ auf die Einschätzung seiner Fähigkeiten und somit auf seine Motivation auswirken. Deshalb kann die Wahrnehmung einer hohen Motivation in der Klasse auch zu einem Kontrasteffekt führen, d. h. zu einer Verringerung der eigenen Motivation.

Selbstkonzept und Selbstwirksamkeitserwartung

Das Selbstkonzept als die Einschätzung der eigenen Fähigkeiten und die Selbstwirksamkeit als die Einschätzung, mit den eigenen Fähigkeiten Probleme zu überwinden, sind wichtige Voraussetzungen für den Bildungserfolg von Schülerinnen und Schülern. Wie schon bei der Motivation spielen hier auch Beziehungsmerkmale des Klassenklimas eine wichtige Rolle. Für die Erklärung können Bezugsnormorientierungen der Lehrkraft herangezogen werden (vgl. Rheinberg 2008), aber auch soziale Vergleichsprozesse (vgl. Wagner 1999). Im Rahmen des Klassenklimamerkmals werden wir uns hier nur auf soziale Vergleichsprozesse beziehen und die Bezugsnormorientierung der Lehrkraft in Kap. 5 nochmals thematisieren.

Soziale Vergleichsprozesse entsprechen der Einschätzung der eigenen Fähigkeiten im Vergleich zu den Fähigkeiten der Mitschülerinnen und Mitschüler einer Klasse (s. auch Fischteicheffekt). Kommt nun hinzu, dass man nicht nur diese Fähigkeiten einschätzt, sondern auch im Vergleich zu anderen besser sein möchte, entsteht ein Wettbewerb zwischen den Schülerinnen und Schülern. Der Vergleich der eigenen Fähigkeiten führt insbesondere bei schlechten Schülerinnen und Schülern dazu, dass sie auch ihre Fähigkeiten deutlich schlechter im Vergleich zur Klasse einschätzen, als es der Fall wäre, wenn sie in einer Klasse mit einer niedrigen Wettbewerbsorientierung wären. Unterstützen sich aber die Schülerinnen und Schüler bei schulischen Problemen, trägt dies dazu bei, dass schulische Probleme überwunden werden können und sich die Schülerinnen und Schüler somit auch als kompetent wahrnehmen können.

Die Bedeutung dieser Unterstützung unter den Klassenmitgliedern für die Selbstwirksamkeitserwartung hat eine Studie von Nelson und DeBacker (2008) untersucht. Hierbei wurde neben Variablen zu Freundschaftsqualität oder motivationaler Orientierung des besten Freundes die soziale Unterstützung als Klimamerkmal auf der Klassenebene (kollektives Klassenklima) untersucht. Im Ergebnis zeigt sich, dass die soziale Unterstützung einen positiven Einfluss auf die Selbstwirksamkeitserwartung hat. Das heißt, dass sich die Schülerinnen und Schüler in Klassen, in denen bei Problemen wechselseitige Unterstützung stattfindet, auch selbst kompetenter einschätzen, Probleme zu überwinden.

Die Bedeutung von Klimamerkmalen wie der Wettbewerbsorientierung und der sozialen Unterstützung für die erlernte Hilflosigkeit (als negative Selbstwirksamkeitserwartung, dass man gegenüber Problemen völlig hilflos ist) zeigt sich in einer Studie von König (2009). Es wird angenommen, dass eine hohe Wettbewerbsorientierung zu einer höheren erlernten Hilflosigkeit führt. Im Gegensatz dazu soll eine hohe soziale Unterstützung die erlernte Hilflosigkeit reduzieren, indem Schülerinnen und Schüler gemeinsam an der Lösung von Problemen arbeiten. Für die Untersuchung dieser Fragestellung wurden Schülerinnen und Schüler der achten Jahrgangsstufe über zwei Messzeitpunkte befragt. Die Ergebnisse weisen darauf hin, dass das wettbewerbsorientierte Klassenklima (kollektives Klima) einen positiven Effekt auf die erlernte Hilflosigkeit hat. Die soziale Unterstützung (kollektives Klima) hat hingegen keinen Effekt. Somit zeigt sich, dass in Klassen, in denen Schülerinnen und Schüler nicht nur auf ihren eigenen Vorteil bedacht sind (geringe Wettbewerbsorientierung), auch die Schülerinnen und Schüler eher davon überzeugt sind, schulische Probleme besser überwinden zu können. Dieses Ergebnis weist ebenfalls darauf hin, dass Lehrpersonen im Schulalltag darauf achten sollten, eine geringe Wettbewerbsorientierung in ihren Klassen zu etablieren. Möglichkeiten werden in Abschn. 4.3 im Punkt Lehrpersonen (Mikroebene) erörtert.

Sozioemotionale Entwicklung
Wie schon des Öfteren in diesem Buch angeschnitten, spielen schulische Klimamerkmale nicht nur für die Entwicklung schulbezogener Fähigkeiten und Fertigkeiten eine zentrale Rolle, sondern auch für die sozioemotionale Entwicklung. Es ist davon auszugehen, dass Kinder und Jugendliche altersspezifische Bedürfnisse nach Akzeptanz und sozialer Eingebundenheit an die Schule herantragen. Je nachdem wie diese Bedürfnisse erfüllt werden, kann darüber auch ein Zusammenhang hergestellt werden zu deren sozioemotionalen Entwicklung.

Wir kommen hier wieder auf die eingangs erwähnten Beziehungen in einer Klasse zurück, nämlich Freundschaften und Cliquen. Freundschaften sind eher dafür da, sich über emotionale Befindlichkeiten wechselseitig austauschen zu können (Sullivan 1953). Dieser Austausch fördert bei Jugendlichen zum einen ihre Fähigkeit, sich wechselseitig zu unterstützen, aber auch ihre emotionale Befindlichkeit, da sie die Möglichkeit haben, ihre Probleme zu besprechen. Cliquen hingegen vermitteln den Kindern und Jugendlichen ein Gefühl der Akzeptanz (Hartup 1989). Gleichzeitig können sie in größeren Gruppen Gleichaltriger soziale Verhaltensweisen erlernen und einüben. Sieht man sich nun beide Funktionen für die Klasse als Ganzes an, kann sowohl der Austausch an emotionalen Befindlichkeiten als auch das Gefühl, in eine Gemeinschaft integriert zu sein, Einfluss auf deren sozioemotionale Entwicklung haben. Sowohl für die Freundschaftsbeziehungen als auch für die Cliquenbeziehungen lassen sich Einflüsse sowohl auf die psychosoziale Anpassung als auch die Verhaltensweisen, z. B. Aggression, finden (Brown und Larson 2009). Bisherige Ergebnisse aus Studien können aber rein als Indikatoren für die Wichtigkeit der Beziehungsmerkmale Akzeptanz und soziale Unterstützung als Klimamerkmal angesehen werden.

?

Welchen Vorteil hat es, seine Klassenkameraden zu unterstützen?

Eine Studie von Ntoumanis et al. (2012) widmete sich im Kontext des Teamsports genau dieser Fragestellung. Zum einen wurde ein aufgabenfokussiertes Klima erfasst. Dieses Klimamerkmal ist gekennzeichnet durch eine hohe Unterstützung der Teammitglieder. Die Teammitglieder sollten sich gegenseitig motivieren, die entsprechenden Aufgaben zu bewältigen. Zum anderen wurde ein egofokussiertes Klima erfasst. Dieses Klimamerkmal steht im Zusammenhang mit einem wettbewerbsorientierten Klimamerkmal. Ein Beispiel wäre, dass die meisten Athleten glücklich sind, wenn sie besser als ihre Teamkollegen sind. Beide Klimamerkmale wurden im Zusammenhang mit dem Burnout-Risiko untersucht. Es zeigt sich, dass sich ein aufgabenbezogenes Klima (sowohl psychologisches als auch kollektives Klima) das Burnout-Risiko reduziert. Was können wir daraus schließen? Wenn eine Person eine andere unterstützt, kann diese Person wiederum auf Unterstützung hoffen. Somit profitieren in einer Gruppe alle davon.

Toleranz

Eine weitere – nicht direkt schulbezogene – Entwicklungsdimension bezieht sich auf die Toleranz. Wie kann man sich diesen Einfluss im Zusammenhang mit Klimamerkmalen vorstellen? Man stelle sich ein Klassenzimmer vor, in dem unterschiedliche Werte und Normen aufeinandertreffen. Der Kontakt mit Gleichaltrigen (die diese Werte und Normen mitbringen) bietet die Möglichkeit, sich mit Werten und Normen anderer Kulturen zu beschäftigen und nicht von Vornherein Einstellungen anderer Gruppen per se abzuwerten. Dadurch steigt die Wahrscheinlichkeit, dass sich Schülerinnen und Schüler – gleich welchen kulturellen Hintergrunds – akzeptiert fühlen. Ebenso kann sich der Kontakt förderlich auf die Entwicklung der Toleranz von Schülerinnen und Schülern auswirken (Pettigrew und Tropp 2006). Insbesondere interethnische Freundschaften, z. B. zwischen Deutschen und Türken, zeigen schon in der Grundschule toleranzförderliche Wirkungen (Feddes et al. 2009). Somit wäre die Häufigkeit an interethnischen Freundschaften ein Indikator dafür, wie akzeptiert sich Kinder und Jugendliche mit und ohne Migrationshintergrund in Klassen fühlen (als Beziehungsmerkmal des Klimas) und somit wechselseitig ihre Toleranz gegenüber der anderen Gruppe erhöhen.

?

Kann der Ausländeranteil in einer Klasse zu hoch sein?

Um diese Frage zu beantworten, untersuchte Dollase (2001), ob Konflikte in Klassen mit einem hohen Migrationsanteil häufiger auftreten als in Klassen mit niedrigem Migrationsanteil. Hierzu befragte er 8000 Schülerinnen und Schüler der Sekundarstufe 1 und fand heraus, dass in Klassen mit einem hohen Migrationsanteil die Schülerinnen und Schüler eine geringere Fremdenfeindlichkeit aufwiesen und zudem auch häufiger Schülerinnen und Schüler mit Migrationshintergrund benannten, neben denen sie gerne sitzen würden (soziometrisches Verfahren). Weiterhin hatte auch ein sehr hoher Ausländeranteil (maximal 96 % in der Hauptschule) keine negativen Auswirkungen auf die Fremdenfeindlichkeit und das Konfliktpotenzial in einer Klasse. Ganz im Gegenteil. Je höher der Ausländeranteil, desto geringer das Konfliktpotenzial.

4.3 Wo kommt das her?

Die Entstehung dieser Klimamerkmale ist durch verschiedene Faktoren bedingt. Diese Faktoren lassen sich wiederum auf unterschiedlichen Organisationsebenen des Bildungssystems (Makro-, Meso- und Mikroebene; Kap. 1) finden. Auf der Makroebene können Effekte des Schulsystems einer Gesellschaft formuliert werden. Auf der Mesoebene spielen die Schulart, die Schulgröße und die Ausstattung an Lehrpersonen und die Schulleitung eine Rolle. Auf der Mikroebene sind Beziehungen innerhalb der Klasse, ethnische und soziale Herkunft, Alter und Schulstufe, Geschlecht und Individualmerkmale konstituierende Faktoren (vgl. auch Eder 1996).

Schulsystem (Makroebene)

Das Schulsystem ist geprägt durch die Zugehörigkeit zu einem bestimmten landestypischen Bildungssystem. In Deutschland ist das Bildungssystem in einen Primar- und Sekundarbereich eingeteilt. Der Sekundarbereich besteht wiederum aus Schulformen, die die Schülerinnen und Schüler nach ihrer Leistungsstärke differenzieren. Hierbei gibt es zwischen den Bundesländern Unterschiede, ob ein dreigliedriges oder zweigliedriges System eingeführt ist. Die Differenzierung in diese weiterführenden Schulen findet in den meisten Bundesländern relativ früh statt (nach der vierten Klasse) (Einsiedler 2003). Somit bilden sich neue Klassengemeinschaften, die in Deutschland relativ homogen sind. Im Vergleich zu anderen Schulsystemen, z. B. in Schweden, bleiben die Klassengemeinschaften bis zur neunten Klasse relativ stabil. Es lässt sich annehmen, dass Schulsysteme, in denen eine spätere Selektion stattfindet, stärkere Unterstützung auch für leistungsschwache Schülerinnen und Schüler anbieten. Ergebnisse der PISA Studie zeigen dies auch für die Wahrnehmung an Unterstützung durch die Schülerinnen und Schüler (Toferer 2009). Die deutschen Schülerinnen und Schüler fühlen sich im Vergleich zu schwedischen Schülerinnen und Schülern deutlich weniger unterstützt durch die Lehrpersonen. Dieses Gefühl der Unterstützung durch die Lehrkraft (Merkmal des Unterrichtsklimas; Kap. 5) hat wiederum Einfluss darauf, wie motiviert, leistungsstark und akzeptiert sich Schülerinnen und Schüler in einer Klasse fühlen – also alles Merkmale des Klassenklimas, da hier auch individuelle Eigenschaften von Personen angesprochen werden, die wiederum das Klassenklima konstituieren. Das heißt, je besser die Unterstützung durch die Lehrkraft ist, desto motivierter ist jede einzelne Schülerin bzw. jeder einzelne Schüler in der Klasse, was sich wiederum auf die Wahrnehmung der Gesamtmotivation als Klimamerkmal in der Klasse auswirkt.

Schularten (Mesoebene)

Schularten können ebenfalls Einfluss auf Klimamerkmale haben. Bisherige Forschungen haben gezeigt, dass Privatschulen als auch Schulen mit alternativen pädagogischen Konzepten durch ein höheres Maß an guten Schüler-Schüler-Beziehungen gekennzeichnet sind verglichen mit öffentlichen Schulen (Trickett et al. 1982; Moos 1979; vgl. zusammenfassend Eder 1996). Fraglich bleibt, woher dieser Effekt kommt. Möglicherweise hängt dies damit zusammen, dass die Schülerinnen und Schüler, die eine solche Schule besuchen, sich in ihren Eigenschaften ähneln und sich infolgedessen auch gute Beziehungen zwischen den Schülerinnen und Schülern bilden (vgl. Eder 1996).

Eine weitere aktuelle Differenzierung der Schulformen, die wir hier behandeln möchten, ist die Ganztagsschule im Vergleich zur traditionellen Halbtagsschule. Grundsätzlich hängen die Chancen der Ganztagsschule entscheidend von der Organisationsform ab. Drei Formen sind hier zu unterschieden (Holtappels 2011):

1. Die gebundene Form mit verpflichtender Schülerteilnahme,
2. Die teilweise gebundene Form mit verpflichtender Schülerteilnahme nur für bestimmte Klassen oder Jahrgänge,
3. Die offene Form mit freiwilliger Schülerteilnahme.

Die größten Entwicklungschancen für Merkmale des Klassenklimas bietet die gebundene Ganztagsschule, da sich hier die Chancen der Schulentwicklung auch ganzheitlich umsetzen lassen. Daher fokussieren wir im Folgenden nur Entwicklungschancen bezogen auf die gebundene Ganztagesschule.

In der Ganztagsschule ergeben sich verschiedene Gestaltungsprinzipien (Holtappels 2011), die folglich auch Klimamerkmale beeinflussen können. So bietet die Ganztagsschule mehr Möglichkeiten, die Inklusion zu forcieren. Durch die zeitlichen Ressourcen können Schülerinnen und Schüler mit unterschiedlichen Lernvoraussetzungen gemeinsam unterrichtet und gleichzeitig individuell je nach Leistungsstärke gefördert werden. Es ist anzunehmen, dass sich dadurch auch positive Schüler-Schüler-Beziehungen ausprägen, da die Unterstützung der einzelnen Schülerinnen und Schüler als Credo vorgelebt wird. Hierbei spielt das Gemeinschaftserleben eine wichtige Rolle, in der soziale Beziehungen nochmals gefestigt werden können. Auch personale Merkmale wie die Leistung und emotionales Erleben können durch Ganztagesangebote beeinflusst werden. Studienergebnisse zeigen, dass mit zunehmender Wahrnehmung von Ganztagesangeboten auch die Motivation und die Performanz (Leistung) der Schülerinnen und Schüler ansteigen (Fischer et al. 2009) und sich die Lernfreude als emotionales Merkmal verbessert. Für Letzteres sind allerdings vorrangig außerunterrichtliche Angebote verantwortlich (Radisch 2009; vgl. zusammenfassend Holtappels 2011).

Schulgröße (Mesoebene)
Die Schulgröße kann ein entscheidender Faktor dafür sein, wie sich soziale Beziehungen ausbilden können. Die Gelegenheit, soziale Beziehungen zu jedem Klassenmitglied aufzubauen, ist in kleineren Schulen infolge der geringeren Schulgröße deutlich erhöht und bietet die Chance einer besseren Vernetzung der Schülerinnen und Schüler auch innerhalb der Klasse. Folglich zeigt sich auch in kleinen Klassen ein besserer Zusammenhalt zwischen den Schülerinnen und Schülern (vgl. zusammenfassend Eder 1996).

Allerdings kann auch angenommen werden, dass in einer kleinen Schule mehr Druck auf die Schülerinnen und Schüler ausgeübt wird (vgl. Eder 1996), da die Lehrerinnen und Lehrer einen intensiveren Kontakt zu ihren Schülerinnen und Schülern pflegen. Besonders zur Ausprägung von Prüfungsangst als emotionales Klimamerkmal wurden Zusammenhänge zur Größe der Schule gefunden. Es zeigt sich, dass in größeren Schulen die Schülerinnen und Schüler weniger Schulangst haben als in kleineren Schulen (vgl. zusammenfassend Eder 1996).

Lehrpersonen (Mikroebene)
Eine wichtige Quelle für die Entstehung von Klassenklimamerkmalen sind die Lehrpersonen, die durch ihr Unterrichtsverhalten, aber auch ihre Werte und Einstellungen Merkmale des Klassenklimas beeinflussen können. Im Folgenden werden wir hierzu auf drei Punkte genauer eingehen:

1. *Bezugsnormorientierung:* Die Bezugsnormen sind Standards, die zur Beurteilung von Leistungen herangezogen werden (vgl. zusammenfassend Rheinberg 2008). Allgemein können drei Bezugsnormorientierungen unterschieden werden:

* *Kriteriale Bezugsnorm:* Sie bezieht sich auf ein vorab festgesetztes Kriterium, das erreicht werden soll. Eine Leistung in einem Mathematiktest ist sehr gut, wenn die vorab festgelegten Lösungswege alle aufgezeigt werden.
* *Soziale Bezugsnorm:* Leistungen werden immer im Vergleich zu Leistungen anderer Personen bewertet. Eine Verbesserung in den Leistungen heißt somit, dass die Leistungen der Mitschülerinnen oder Mitschüler übertroffen werden müssen.
* *Individuelle Bezugsnorm:* Sie bezieht sich auf die Beurteilung der Leistung im Vergleich zu einer früher erbrachten Leistung. Eine Note wird somit als gut eingeschätzt, wenn sie besser ist als die vorhergehende Note in Mathematik.

Insbesondere die Anwendung einer sozialen Bezugsnorm lässt vermuten, dass sich Schülerinnen und Schüler mit ihren Klassenkameraden vergleichen und zur Verbesserung ihrer Leistungen auch immer besser sein wollen als diese. Folglich sollte der Wettbewerbscharakter zwischen den Schülerinnen und Schüler erhöht sein und sich die gegenseitige Unterstützung reduzieren.

2. *Soziale Eingebundenheit:* Neben Bewertungen schulischer Leistungen ist es die Aufgabe von Lehrpersonen, sich für die individuellen Lebensbedingungen der Schülerinnen und Schüler zu interessieren (Kultusministerkonferenz 2000) und somit Ansprechpartner bei emotionalen Problemen der

Schülerinnen und Schüler zu sein. Dies schließt mit ein, dass die Lehrpersonen einen wertschätzenden Umgang mit ihnen pflegen, der es erlaubt, auch ihre Meinungen ernst zu nehmen und zu akzeptieren. Dieser vorgelebte offene Umgang mit Problemen und auch Meinungen der Schülerinnen und Schüler soll indirekt Einfluss auf das Verhalten der Schülerinnen und Schüler untereinander nehmen, d. h. Meinungen zu akzeptieren und sich gegenseitig zu unterstützen. Dieses Klima der wechselseitigen Akzeptanz kann wieder als Bestandteil des Klassenklimas aufgefasst werden.

3. *Werte:* Auch Einstellungen der Lehrkraft, z. B. gegenüber einem Fach, können personale Merkmale der Schülerinnen und Schüler selbst beeinflussen. Ein Beispiel soll hier im Rahmen der emotionalen Merkmale skizziert werden. Hat eine Lehrkraft Freude am Unterrichten und zeigt dies während des Unterrichtens durch positive Gesichtszüge (Lächeln) und sprachliche Hinweise („Mathematik macht Spaß"), können diese Hinweisreize den Schülerinnen und Schülern eine Emotion vermitteln, in diesem Fall Freude. Der Spaß der Lehrkraft am Fach kann für die Schülerinnen und Schüler sozusagen ansteckend sein. Auch eine Studie von Frenzel et al. (2009) bestätigt diesen Zusammenhang. Somit ist nicht nur die Qualität der Instruktion, sondern auch die Emotion, mit der die Inhalte vermittelt werden, entscheidend dafür, welche Emotionen die Schülerinnen und Schüler hinsichtlich eines Faches entwickeln. Diese unterrichtsübergreifenden Emotionen werden dem Klassenklima zugerechnet.

Quantität von Freundschaften und Cliquen (Mikroebene)

Wie bereits erwähnt spielen Freundschaften in der Adoleszenz eine wichtige Rolle. Man nimmt an, dass die Quantität an Freundschaften in einer Klasse einen positiven Effekt darauf hat, in welchem Ausmaß Unterstützung im Klassenzimmer wahrgenommen wird. Allerdings ist zu berücksichtigen, dass nicht jede Freundschaftsbeziehung gleichzusetzen ist mit einer hohen Freundschaftsqualität. Was heißt das? Nicht jede Freundschaft muss davon gekennzeichnet sein, dass man sich die intimsten Geheimnisse anvertraut und sich in emotionalen Belastungen unterstützt. Genauso gut kann es sich eher um oberflächliche Freundschaften handeln, die sich auf gemeinsame Interessen, wie z. B. Justin Bieber anhimmeln, fokussieren. Haben Freundschaften – egal welcher Qualität – wiederum eine hohe Vernetzungsdichte in der Klasse, ist die Wahrscheinlichkeit für eine hohe Anzahl an Cliquen deutlich erhöht. Da Cliquen verantwortlich dafür sind, wie akzeptiert sich Schülerinnen und Schüler fühlen, ist anzunehmen, dass eine hohe Anzahl an Cliquen ebenfalls die wahrgenommene Akzeptanz in der Klasse erhöht.

Interethnische Freundschaften (Mikroebene)
Zudem kann die Struktur an Freundschaften nochmals differenziert nach dem Migrationshintergrund der Beteiligten betrachtet werden. So können Jugendliche mit unterschiedlichem Migrationshintergrund eine Freundschaft eingehen, z. B. ein Deutscher und ein Türke. Diese Freundschaften werden als interethnische Freundschaften bezeichnet. Es zeigt sich, dass interethnische Freundschaften im Vergleich zu anderen Freundschaften weniger stabil sind und als geringer in ihrer Qualität, stärker wettbewerbsorientiert und stärker konfliktbehaftet erlebt werden (Schneider et al. 2007). Die Folge für die Klimawahrnehmung kann sein, dass Klassengemeinschaften mit vielen interethnischen Freundschaften eine höhere Wettbewerbsorientierung und eine geringe Unterstützung erfahren. Lehrpersonen können die Integration der Schülerinnen und Schüler in eine Klassengemeinschaft begleiten, indem sie z. B. unterschiedliche kulturelle Werte und Normen vermitteln, damit das Konfliktpotenzial in solchen Freundschaftskonstellationen sinkt und die Wahrscheinlichkeit eines Freundschaftsabbruchs reduziert wird.

Individualmerkmale: Motivation, Emotion und Verhalten
Personale Merkmale von Schülerinnen und Schüler wie Interesse, Emotionen oder Ziele haben wiederum Einfluss auf die kollektive Wahrnehmung dieser personalen Merkmale. Wenn die gesamte Klasse keinen Bock auf Frau Schmidt hat, wird das in der Klasse auch so wahrgenommen. Es wird zudem angenommen, dass Ausprägungen personaler Merkmale von einer Person auf die Ausprägung desselben personalen Merkmals einer anderen Person Einfluss haben kann. Das heißt, die Freude am Lernen (intrinsische Motivation) kann unter den Schülerinnen und Schülern ansteckend wirken. Hierbei ist eine bedeutende Frage innerhalb der Wissenschaft, zu welchem Anteil Schülerinnen und Schüler schon aufgrund des gleichen Anteils an jeweiligen personalen Voraussetzungen selektiert werden oder sich erst innerhalb der Klassengemeinschaft wechselseitig beeinflussen (sozialisieren).

Hierbei muss der Begriff „Selektion" nochmals differenziert betrachtet werden. Zum einen können sich Schülerinnen und Schüler selbstbestimmt aufgrund gleicher Eigenschaften jemanden als Freundin bzw. Freund auswählen. Zum anderen kann eine Selektion auch von außen erfolgen, indem Schülerinnen und Schüler strukturell selektiert werden. Geht man vom deutschen Schulsystem aus, in dem schon sehr früh eine strukturelle Selektion in verschiedene weiterführende Schulen erfolgt, wäre der strukturell bedingte Selektionseffekt (also die Bildung der Klassengemeinschaft aufgrund gleicher Voraussetzungen) ebenfalls bedeutsam. Klassengemeinschaften werden demnach schon sehr früh homogen zusammengesetzt. Allerdings finden sich in Studien Hinweise, dass sich Jugendliche in ihren personalen Eigenschaften auch wechselseitig sozialisieren (Shin und Ryan 2014; Popp et al. 2008). Demnach ist davon auszugehen, dass die Sozialisation personaler Merkmale durch Klassenmitglieder auch die Wahrnehmung dieser personalen Merkmale beeinflusst.

Hierzu ein Beispiel: Jugendliche beeinflussen sich wechselseitig in ihrer Begeisterung für Mathematik. Sie sprechen beispielsweise darüber, wie sie Mathe finden. Gegebenenfalls wird eine Meinung (z. B. „Mathe ist doof") von einem Jugendlichen übernommen. Somit haben nun schon zwei Jugendliche in einer Klassengemeinschaft die Meinung, dass Mathe doof ist. Führt sich dieser Effekt fort, stimmen immer mehr Jugendliche mit der Meinung überein, dass Mathe doof ist. Somit kann sich der Einfluss der Klasse auf die Entwicklung personaler Merkmale wiederum auf die Wahrnehmung dieses personalen Merkmals auswirken, heißt: in unserer Klasse finden alle Mathe doof.

4.4 Wie kann ich das beeinflussen?

Für die Verbesserung des Klassenklimas gibt es verschiedene Programme, die sich auf den jeweiligen Entwicklungsstand der Kinder und Jugendlichen beziehen. Eine Übersicht der Förderprogramme für die sozioemotionale Entwicklung, die teilweise ebenfalls Merkmale des Klassenklimas ansprechen, findet sich unter http://www.casel.org. Im Folgenden werden zwei Programme vorgestellt, die zum einen in der Vor- und Grundschule (Child Development Project) und zum anderen in der weiterführenden Schule (Lions Quest) eingesetzt werden.

Child Development Project

Ein spezielles Programm, das sich auf die Verbesserung des Klassenklimas in der Vor- als auch Grundschule konzentriert, ist das Child Development Project (CDP; Battistich et al. 2000; Battistich 2003). Dabei beziehen sich die Ziele des Programms nicht ausschließlich auf Merkmale des Klassenklimas. Es werden auch Kontexte wie Lehrkräfte und Familienmitglieder berücksichtigt, die wiederum die Entwicklung von Klimamerkmalen beeinflussen können. Folgende Punkte werden speziell fokussiert:

* Aufbau stabiler und warmer Beziehungen zwischen Schülerinnen und Schülern, Lehrpersonen und Eltern,
* Verständnis schaffen für soziale und ethische Regeln des Zusammenlebens,
* Schülerinnen und Schüler lehren, sich aktiv am Unterricht zu beteiligen,
* Förderung intrinsischer Motivation.

Im Folgenden werden spezielle Maßnahmen des Programms inklusive Praxisbeispiele dargestellt:

1. *Kooperatives Lernen:* Das kooperative Lernen ist grundsätzlich ein Merkmal des Unterrichtsklimas, da es von der Lehrkraft initiiert wird (Kap. 5), kann allerdings den Aufbau von warmen und unterstützenden Beziehungen zwischen den Schülerinnen und Schülern stärken (Merkmal des Klassenklimas). In der Konzeption des CDP arbeiten die Schülerinnen und Schüler in Zweier- oder größeren Gruppen zusammen an einem vorgegebenen Thema. Die Gruppenprojekte sind dabei so konzipiert, dass sie eine Zusammenarbeit in der Gruppe erfordern und ein gemeinsames Gruppenprojekt hervorbringen. Zu Beginn der Gruppenarbeit werden den Kindern die spezifischen Lernziele und Gruppenregeln für eine erfolgreiche Zusammenarbeit vermittelt. Am Ende der Lerneinheit wird nicht nur auf das Erreichen des Lernziels fokussiert, sondern auch darauf, wie die Kooperation innerhalb der Gruppe funktioniert hat. So können durch das kooperative Lernen zum einen der Aufbau von stabilen und unterstützenden Beziehungen forciert werden, zum anderen kann den Schülerinnen und Schülern aber auch Gelegenheit gegeben werden, ihre Meinung adäquat zu äußern und andere Meinungen zu hören. Eine Methode des kooperativen Lernens wird in Exkurs: Think-Pair-Share vorgestellt.

2. *Literaturbasiertes Lesen:* Ein weiterer Fokus des CDP basiert auf der Lektüre von multikulturellen Büchern, die die Diskussion über verschiedene Werte und Normen von Kulturen anregen soll. Die Bücher können in Teams, aber auch von den Lehrpersonen selbst vorgelesen werden. Für über 200 Bücher gibt es in dem Programm vorgefertigte Diskussionsfragen, empfohlene Schreibthemen und passende Folgeaktivitäten. So werden die Artikulation, Diskussion und Reflexion von Werten und Normen sowie insbesondere Merkmale des Klassenklimas wie die wahrgenommene Akzeptanz im Klassenzimmer gefördert.

3. *Entwicklungsdisziplin:* Darin wird fokussiert, dass Lehrkräfte weniger externe Kontrolle ausüben, sondern vielmehr Schülerinnen und Schüler dazu bewegen sollen, eine Gemeinschaft zu formen und Fehlverhalten durch nicht bestrafende Maßnahmen einzudämmen. Die Schülerinnen und Schüler sollen aktiv eingebunden werden, Klassenregeln mitzugestalten und gleichzeitig Verantwortung dafür übernehmen, dass die Regeln von allen Mitschülerinnen und Mitschülern beachtet werden (Exkurs: Gruppenvertrag). Dadurch können behaviorale Merkmale, z. B. Fehlverhalten, in der Klasse eingedämmt werden.

Exkurs

Think-Pair-Share

Diese Methode des kooperativen Lernens setzt sich aus drei Arbeitsschritten zusammen, in denen die Schülerinnen und Schüler individuelle und kooperative Lernphasen durchlaufen (Bundeszentrale für politische Bildung 2012):

1. *Think:* Die Schülerinnen und Schüler sind aufgefordert, sich individuell mit einer Aufgabe auseinanderzusetzen. Beispielsweise sollen Schülerinnen und Schüler ausgewählte Textausschnitte lesen, verstehen und die wichtigsten Informationen herausschreiben. Für die Bearbeitung der ersten Phase wird ihnen ein Zeitlimit von 5–10 min gesetzt.
2. *Pair:* Die Schülerinnen und Schüler bilden Zweierteams. Zuerst präsentiert Schüler A seine Lösungen, und Schüler B macht sich Notizen. Im Anschluss tauschen sie die Rollen. Ziel dieses Arbeitsschrittes ist es, dass die Schülerinnen und Schüler nach 5–10 min in der Lage sind, nicht nur ihr eigenes Ergebnis vorzustellen, sondern auch das des Partners. Die wichtigsten Textinformationen halten sie in Stichworten auf einem Plakat fest.
3. *Share:* Schüler A und B stellen gemeinsam ihre Ergebnisse im Plenum vor.

Ein Übersicht und konkrete Umsetzung kooperativer Lernformen finden sich unter https://inside.collaborativeclassroom.org/video/760/cooperative-structures-overview.

Exkurs

Gruppenvertrag

Eine Möglichkeit, die Entwicklungsdisziplin zu fördern, bietet der Gruppenvertrag. Die Schülerinnen und Schüler erhalten die Aufgabe, Regeln und Verhaltensgrundsätze für eine fruchtbare Gruppenarbeit zusammenzustellen. In einem ersten Schritt formulieren sie in Einzelarbeit ihre individuellen Wünsche und Anregungen, die ihnen für eine effektive und vertrauensvolle Zusammenarbeit in der Gruppe wichtig sind. Dann setzen sie sich in Gruppen zusammen und präsentieren ihre Vorschläge. In der Gruppe einigen sich alle Mitglieder auf etwa sieben Gruppenregeln und formulieren diese positiv aus. Die Regeln werden in einem Vertragsformular, das von Lehrpersonen ausgehändigt wird, niedergeschrieben. Ein Beispiel könnte lauten: „Fruchtbare Gruppenarbeit verlangt, dass jeder die ihr/ihm übertragenen Aufgaben zuverlässig erledigt." Im Anschluss unterschreiben alle Gruppenmitglieder den Vertrag. Die Gruppen präsentieren ihre Verträge in der Klasse und hängen sie anschließend im Klassenraum auf (Klippert 2012).

Die beiden weiteren Punkte des Programms haben vermeintlich weniger mit der Gestaltung des Klassenklimas zu tun, werden aber der Vollständigkeit kurz erläutert: Diese betreffen die Einbindung der Familie und das Zusammengehörigkeitsgefühl in der Schule:

4. *Einbindung der Familie:* Die Familie soll stärker in das schulische Geschehen eingebunden werden, um so auch die Beziehungen zwischen den Eltern und ihren Kindern zu fördern. Hierbei können Eltern und Kinder ihre Ideen zu relevanten Inhalten im Unterricht (in diesem Programm Englisch und Spanisch) äußern. Die Kinder können dadurch Unterstützung erhalten, wenn es zu Hause Verständnisschwierigkeiten gibt. Gleichzeitig erhalten die Eltern einen Einblick in schulische Themen ihrer Kinder.
5. *Zusammengehörigkeitsgefühl:* Hier geht es darum, auch in der Schule ein Gemeinschaftserleben herzustellen. Es werden Ideen vorgestellt, wie z. B. neue Schülerinnen und Schüler an der Schule begrüßt oder klassenübergreifende Tutoren eingesetzt werden können.

Die Wirksamkeit dieses Programms wurde in einer Längsschnittstudie für behaviorale Bereiche, z. B. prosoziale Verhaltensweisen (Battistich et al. 1989) oder Alkoholkonsum (Battistich et al. 2000) nachgewiesen. Die Resultate zeigen die Wichtigkeit der implementierten Inhalte für die Verbesserung der behavioralen Merkmale von Klassenklimas, die wiederum Einfluss darauf haben, wie Beziehungen in der Klasse aufgebaut werden können.

Lions Quest

Das Programm „Lions Quest" des Hilfswerks der Deutschen Lions e. V. unterstützt das Aufwachsen von Kindern in einem stabilen Entwicklungsrahmen (http://www.lions-quest.de/portal.html). Die Förderung gliedert sich in die spezifischen Programme „Erwachsen werden" und „Erwachsen handeln". „Lions-Quest Erwachsen werden" ist ein strukturiertes, wissenschaftlich evaluiertes und anerkanntes Programm zur Persönlichkeitsentwicklung junger Menschen. Die Schlüsselrolle bei der Umsetzung des Programms nehmen die Lehrkräfte ein. Sie werden in verschiedenen praxis- und handlungsorientierten Seminaren von qualifizierten Trainerinnen und Trainern geschult und mit Materialien und Methoden ausgestattet. Das Programm wird regelmäßig überarbeitet und an veränderte schulische und gesellschaftliche Anforderungen angepasst. Im Folgenden werden die Maßnahmen dieses Programms detailliert beschrieben. Da es sich bei Lions Quest „Erwachsen handeln" um ein außercurriculares Förderprogramm handelt, das die Persönlichkeitswicklung weiter fördern soll, werden wir dieses nicht genauer beschreiben.

Das Förderprogramm „Lions Quest Erwachsen werden" richtet sich an zehn- bis 14-jährige Mädchen und Jungen in der Sekundarstufe I. Im Mittelpunkt des Programms stehen die Förderung und Unterstützung der sozialen Kompetenzen. Die Förderung der sozialen Kompetenzen kann dabei auch in Beziehung zur Förderung von Klimamerkmalen gesetzt werden. So sollen Schülerinnen und Schüler zum einen gefördert werden, ihr Vertrauen in die eigenen Fähigkeiten zu stärken – als personales Merkmal des Klassenklimas. Weiterhin werden Schülerinnen und Schüler dabei unterstützt, positive Beziehungen innerhalb der Klasse aufzubauen und dabei auch Konfliktsituationen zu meistern. Hier zeigt sich deutlich das Ziel, Beziehungsmerkmale in der Klasse zu verbessern. „Lions Quest Erwachsen werden" folgt dabei dem Ansatz der Life-Skills-Erziehung (Lebenskompetenzerziehung), dem eine gute Wirksamkeit bei der Prävention (selbst-)zerstörerischer Verhaltensweisen (Sucht- und Drogenabhängigkeit, Gewaltbereitschaft, Suizidgefährdung) zugesprochen werden.

Das Programm besteht insgesamt aus sechs Schwerpunktthemen. Hierbei werden im Einzelnen nochmals mögliche Zusammenhänge zu Merkmalen des Klassenklimas dargestellt. Allerdings können Zusammenhänge nicht für alle Module durchweg angenommen werden:

1. Das Ziel, eine vertrauensvolle und konstruktive Lernatmosphäre zu generieren, stellt die Grundlage für das Gelingen der weiteren Zusammenarbeit dar. Die eigene Identität wird thematisiert, und der Einfluss und die Bedeutung der Zusammenarbeit werden herausgearbeitet. Dieser Punkt zielt eher auf das Unterrichtsklima ab, da die Lernatmosphäre hier ein konkretes Merkmal des Unterrichtsklimas ist.

2. Es wird gezielt das Selbstvertrauen der Schülerinnen und Schüler gefördert. Das Bewusstwerden der eigenen Stärken und Fähigkeiten steht im Mittelpunkt. Hier zeigt sich konkret der Zusammenhang zu personalen Merkmalen wie der Leistung. Werden das Selbstvertrauen und die Einschätzung der eigenen Fähigkeiten verbessert, kann dies eine Leistungssteigerung zur Folge haben, die sich auf die gesamte Klasse auswirkt.

3. Die Schülerinnen und Schüler werden dabei gestärkt, ihre eigenen Gefühle wahrzunehmen, zu akzeptieren und auszudrücken. Dies ist ein wichtiger Schritt der Persönlichkeitsentwicklung und soll dazu beitragen, dass die Kinder und Jugendlichen mit belastenden Situationen umgehen können. Der adäquate Umgang mit den eigenen Emotionen ermöglicht es ihnen, Emotionen der Klassenkameraden wahrzunehmen und darauf zu reagieren. Dies kann den Aufbau von Beziehungen ebenfalls fördern und somit Beziehungsmerkmale des Klassenklimas beeinflussen.

4. Gerade in diesem Alter spielen Peers eine wichtige Rolle für die Heranwachsenden. Im Modul „Wichtige Mitmenschen" steht die Bedeutung von Freundschaften im Mittelpunkt. Die Schülerinnen und Schüler setzen sich damit auseinander, wie man echte Freundschaften aufbauen, weiterentwickeln und aufrechterhalten kann. Außerdem lernen sie anhand unterschiedlicher Methoden, wie man Meinungsverschiedenheiten oder Konflikte in einer Freundschaft konstruktiv lösen kann. Hierbei lassen sich Einflüsse auf Beziehungsmerkmale wie die Verbesserung der sozialen Unterstützung in der Klasse vermuten.

5. Bei der klaren Kommunikation geht es um die Verantwortung, die die Schülerinnen und Schüler bei eigenen Entscheidungen u. a. bei den Themen Lebensstil, Umgang mit dem eigenen Körper und berufliche Zukunft tragen.

6. Kinder und Jugendliche haben viele Träume und Hoffnungen, was sie einmal in ihrem Leben erreichen möchten. Damit diese Realität werden können, müssen sie lernen, sich Ziele zu setzen und sich auf den Weg zu machen. In diesem Modul wird aufgezeigt, wie Überlegungen, Anstrengungen, Geduld und Selbstdisziplin dazu beitragen können, gute Entscheidungen zu treffen.

Fazit

Um die Einordnung des Klassenklimas einfacher zu halten, haben wir unterrichtsbezogene Inhalte ausgeklammert. Ob uns dadurch die Einfachheit in der Darstellung gelungen ist, bleibt in der Beurteilung Ihnen überlassen. Was aber festzuhalten bleibt, ist, dass das Klassenklima zu einem großen Anteil in Zusammenhang mit den interpersonalen Beziehungen betrachtet wird. Diese Klimamerkmale zeigen auch einen bedeutenden Einfluss auf die Entwicklung von Schülerinnen und Schülern sowohl auf schulische als auch nichtschulische Entwicklungsdimensionen. Allerdings werden in den Forschungen personale oder strukturelle Merkmale fast gänzlich vernachlässigt, obwohl sie auch Bestandteil eines Klassenklimas sein können. Bei der Förderung ist zu beachten, welche Merkmale des Klassenklimas man als Lehrperson verbessern möchte, beispielsweise die Beziehungen, personale Merkmale (z. B. Motivation) oder eher strukturelle Veränderungen (z. B. Sitzordnung)?

Literatur

Battistich, V. (2003). Effects of a school-based program to enhance prosocial development on children's peer relations and social adjustment. *Journal of Research in Character Education, 1*(1), 1–16.

Battistich, V., Solomon, D., Watson, M., Solomon, J., & Schaps, E. (1989). Effects of an elementary school program to enhance prosocial behavior on children's cognitive-social problem-solving skills and strategies. *Journal of Applied Developmental Psychology, 10*(2), 147–169. doi:10.1016/0193-3973(89)90002-6.

Battistich, V., Schaps, E., Watson, M., Solomon, D., & Lewis, C. (2000). Effects of the Child Development Project on students' drug use and other problem behaviors. *Journal of Primary Prevention, 21*(1), 75–99. doi:10.1023/A:1007057414994.

Brown, B. B., & Larson, J. (2009). Peer relationships in adolescence: Chapter 3. In R. M. Lerner & L. Steinberg (Hrsg.), *Handbook of Adolescent Psychology* (3. Aufl. S. 74–103). Hoboken: John Wiley and Sons.

Bukowski, W. M., & Hoza, B. (1989). Popularity and friendship: Issues in theory, measurement, and outcome. In T. J. Berndt & G. W. Ladd (Hrsg.), *Peer relationships in child development* (S. 15–45). New York: Wiley.

Bundeszentrale für politische Bildung (2012). Think-Pair-Share. http://www.bpb.de/lernen/grafstat/bundestagswahl-2013/148908/think-pair-share. Zugegriffen: 11. Apr. 2016.

Deci, E. L., & Ryan, R. M. (1985). *Intrinsic motivation and self-determination in human behavior*. New York: Plenum.

Dollase, R. (2001). Die multikulturelle Schulklasse – oder: Wann ist der Ausländeranteil zu hoch? *Zeitschrift für politische Psychologie, 9*(2+3), 113–126.

Dweck, C. S. (1986). Motivational processes affecting learning. *American Psychologist, 41*(10), 1040–1048. doi:10.1037/0003-066X.41.10.1040.

Eccles, J. S. (2004). Schools, academic motivation, and stage environment fit: Chapter 5. In R. M. Lerner & L. Steinberg (Hrsg.), *Handbook of Adolescent Psychology* (2. Aufl. S. 125–153). Hoboken: John Wiley and Sons.

Eccles, J. S. (2007). Families, schools, and developing achievement-related motivations and engagement. In J. E. Grusec & P. D. Hastings (Hrsg.), *Handbook of socialization* (S. 665–691). New York, NY: The Guilford Press.

Eder, F. (1996). *Schul- und Klassenklima*. Innsbruck: Studienverlag.

Eder, F. (2002). Unterrichtsklima und Unterrichtsqualität. *Unterrichtswissenschaft, 30*(3), 213–229.

Einsiedler, W. (2003). Unterricht in der Grundschule. In K. S. Cortina, J. Baumert, A. Leschinsky, K. U. Mayer & L. Trommer (Hrsg.), *Das Bildungswesen in der Bundesrepublik Deutschland* (S. 285–341). Reinbek bei Hamburg: Rowohlt.

Feddes, A. R., Noack, P., & Rutland, A. (2009). Direct and extended friendship effects on minority and majority children's Interethnic attitudes: A longitudinal study. *Child Development, 80*(2), 377–390. doi:10.1111/j.1467-8624.2009.01266.x.

Fischer, N., Kuhn, H. P., & Klieme, E. (2009). Was kann die Ganztagsschule leisten? Wirkungen ganztägiger Beschulung auf di e Entwicklung von Lernmotivation und schulischer Performanz nach dem Übergang in die Sekundarstufe. *Zeitschrift für Pädagogik, 54*(Beiheft), 143–167.

Fredricks, J. A., & Eccles, J. S. (2002). Children's competence and value beliefs from childhood through adolescence: Growth trajectories in two male-sex-typed domains. *Developmental Psychology, 38*(4), 519–533. doi:10.1037//0012-1649.38. 4.519.

Frenzel, A. C., Goetz, T., Lüdtke, O., Pekrun, R., & Sutton, R. E. (2009). Emotional transmission in the classroom: Exploring the relationship between teacher and student enjoyment. *Journal of Educational Psychology, 101*(3), 705–716. doi:10.1037/ a0014695.

Frenzel, A. C., Goetz, T., Pekrun, R., & Watt, H. M. G. (2010). Development of mathematics interest in adolescence: Influences of gender, family, and school context. *Journal of Research on Adolescence, 20*(2), 507–537. doi:10.1111/j.1532-7795. 2010.00645.x.

Götz, T., Zirngibl, A., & Pekrun, R. (2004). Lern- und Leistungsemotionen von Schülerinnen und Schülern. In T. Hascher (Hrsg.), *Schule positiv erleben* (S. 49–66). Bern: Haupt.

Götz, T., Frenzel, A. C., & Pekrun, R. (2008). Sozialklima. In W. der Schule. In, Schneider & M. Hasselhorn (Hrsg.), *Handbuch der Pädagogischen Psychologie* (S. 503–514). Göttingen: Hogrefe.

Gottfried, A. E., Fleming, J. S., & Gottfried, A. W. (2001). Continuity of academic intrinsic motivation from childhood through late adolescence: A longitudinal study. *Journal of Educational Psychology, 93*(1), 3–13. doi:10.1037/0022-0663.93.1. 3.

Hartup, W. W. (1989). Social relationships and their developmental significance. *American Psychologist, 44*(2), 120–126. doi:10.1037/0003-066X.44.2.120.

Hinde, R. A. (1987). *Individuals, relationships and culture*. Cambridge: Cambridge University Press.

Holtappels, H. G. (2011). Ganztagsschule. In H. Reinders, H. Ditton, C. Gräsel & B. Gniewosz (Hrsg.), *Empirische Bildungsforschung. Gegenstandsbereiche* (S. 113–124). Wiesbaden: VS.

Jacobs, J. E., Lanza, S., Osgood, D. W., Eccles, J. S., & Wigfield, A. (2002). Changes in children's self-competence and values: Gender and domain differences across grades one through twelve. *Child Development, 73*(2), 509–527. doi:10.1111/ 1467-8624.00421.

Klippert, H. (2012). *Teamentwicklung im Klassenraum: Übungsbausteine für den Unterricht*. Weinheim: Beltz Praxis.

König, J. (2009). Klassenklima und schulbezogene Hilflosigkeit in den Jahrgangsstufen 8 und 9. *Zeitschrift für Pädagogische Psychologie, 23*(1), 41–52. doi:10.1024/ 1010-0652.23.1.41.

Kultusministerkonferenz (2000). Aufgaben von Lehrerinnen und Lehrern heute – Fachleute für das Lernen. http://www.kmk.org/fileadmin/Dateien/

veroeffentlichungen_beschluesse/2000/2000_10_05-Bremer-Erkl-Lehrerbildung.pdf

Ladd, G. W. (1999). Peer relationships and social competence during early and middle childhood. *Annual Review of Psychology, 50*(1), 333–359.

Ladd, G. W., Herald-Brown, S. L., & Kochel, K. P. (2009). Peers and motivation. In K. R. Wentzel & A. Wigfield (Hrsg.), *Handbook of motivation at school* (S. 323–348). New York, NY: Taylor Francis.

Laursen, B., Bukowski, W. M., Aunola, K., & Nurmi, J.-E. (2007). Friendship moderates prospective associations between social isolation and adjustment problems in young children. *Child Development, 78*(4), 1395–1404. doi:10.1111/j.1467-8624.2007.01072.x.

Moos, R. H. (1979). *Evaluating educational environments*. San Francisco: Jossey-Bass.

Nelson, R. M., & DeBacker, T. K. (2008). Achievement motivation in adolescents: The role of peer climate and best friends. *The Journal of Experimental Education, 76*(2), 170–189. doi:10.3200/JEXE.76.2.170-190.

Nicholls, J. G. (1984). Achievement motivation: Conceptions of ability, subjective experience, task choice, and performance. *Psychological Review, 91*(3), 328–346. doi:10.1037/0033-295X.91.3.328.

Ntoumanis, N., Taylor, I. M., & Thøgersen-Ntoumani, C. (2012). A longitudinal examination of coach and peer motivational climates in youth sport: Implications for moral attitudes, well-being, and behavioral investment. *Developmental Psychology, 48*(1), 213–223. doi:10.1037/a0024934.

Pekrun, R. (2006). The control-value theory of achievement emotions: Assumptions, corollaries, and implications for educational research and practice. *Educational Psychology Review, 18*(4), 315–341.

Pettigrew, T. F., & Tropp, L. R. (2006). A meta-analytic test of intergroup contact theory. *Journal of Personality and Social Psychology, 90*(5), 751–783. doi:10.1037/0022-3514.90.5.751.

Popp, D., Laursen, B., Kerr, M., Stattin, H., & Burk, W. K. (2008). Modeling homophily over time with an actor-partner interdependence model. *Developmental Psychology, 44*(4), 1028–1039. doi:10.1037/0012-1649.44.4.1028.

Radisch (2009). *Qualität und Wirkung ganztägiger Schulorganisation: Theoretische und empirische Befunde*. Weinheim: Juventa.

Reindl, M., Berner, V. D., Scheunpflug, A., Zeinz, H., & Dresel, M. (2015). Effect of negative peer climate on the development of autonomous motivation in mathematics. *Learning and Individual Differences, 38*(1), 68–75. doi:10.1016/j.lindif.2015.01.017.

Rheinberg, F. (2008). Bezugsnorm und die Beurteilung von Lernleistung. In W. Schneider & M. Hasselhorn (Hrsg.), *Handbuch der Pädagogischen Psychologie* (S. 178–186). Göttingen: Hogrefe.

Saldern, M., & Littig, K. E. (1987). *Landauer Skalen zum Sozialklima (LASSO)*. Weinheim: Beltz.

Schneider, B. H., Udvari, S., & Dixon, K. (2007). Closeness and competition in the inter-ethnic and co-ethnic friendships of early adolescents in Toronto and Montreal. *Journal of early Adolescence, 27*(1), 115–138. doi:10.1177/0272431606294822.

Shin, H., & Ryan, A. M. (2014). Early adolescent friendships and academic adjustment: Examining selection and influence processes with longitudinal social network analysis. *Developmental Psychology, 50*(11), 2462–2472. doi:10.1037/a0037922.

Sullivan, H. S. (1953). *The interpersonal theory of psychiatry*. New York: Norton.

Toferer, B. (2009). G1: Schul- und Unterrichtsklima im internationalen Vergleich sowie im Vergleich zwischen den österreichischen Schulsparten. In W. Specht (Hrsg.), *Das Schulsystem im Spiegel von Daten und Indikatoren* Nationaler Bildungsbericht Österreich 2009, Bd. 1 Graz: Leykam.

Trickett, E. J., Trickett, P. K., Castro, J. J., & Schaffner, P. (1982). The independent school experience: Aspects of the normative environments of single-sex and coed secondary schools. *Journal of Educational Psychology, 74*(3), 374–381.

Wagner, J. W. L. (1999). *Soziale Vergleiche und Selbsteinschätzungen*. Münster: Waxmann.

5

Unterrichtsklima

5.1 Was ist das?

> **Unterrichtsklima** Das Unterrichtsklima (Mikroebene) fokussiert „den Kernbereich […] Lehren und Lernen" (Eder 2002, S. 215).

Die Frage, was Unterrichtsklima im Kern wirklich ist, haben sich schon einige Forscherinnen und Forscher gestellt – so auch wir. Allerdings müssen wir schon zu Beginn des Kapitels einräumen, dass wir eine vollends befriedigende Antwort auf diese Frage leider nicht gefunden haben. Trotz dieses vielleicht enttäuschenden Eingeständnisses empfehlen wir Ihnen aber die weitere Lektüre des Kapitels.

Bisherige Forschungen zum Unterrichtsklima zeigen, dass unter diesem Oberbegriff immer wieder verschiedene Merkmale betrachtet werden, z. B. das Lehrerengagement (Fend 1977), das Fehlerklima (Oser und Spychiger 2005) oder eine positive Lehrer-Schüler-Beziehung (Cornelius-White 2007; vgl. zusammenfassend Leitz 2015). Es zeigt sich, dass Forscherinnen und Forscher die Lehrer-Schüler-Beziehung ebenfalls bereits dem Unterrichtsklima zugeordnet haben. Dafür haben wir uns auch entschieden (Nerd-Exkurs: Aufteilung der Mikroebene in Klassen- und Unterrichtsklima). Mit der Entscheidung, sowohl Beziehungsmerkmale als auch Inhaltsmerkmale unter das Unterrichtsklima zu fassen, könnte man sich nun zufrieden zurücklehnen. Allerdings stellt sich basierend auf dieser Einordnung schon die nächste Frage: Welche Merkmale sollen nun unter diese beiden Oberpunkte gefasst werden? Hier haben wir uns auch an Theorien der Unterrichtsqualität (Helmke 2009) orientiert. Wenn man sich Literatur zu beiden Thematiken „Klima" und „Unterrichtsqualität" anschaut, stellt man fest, dass es hier einige Überscheidungen gibt. Der Unterschied besteht allerdings darin, dass das Unterrichtsklima – welches die subjektive Wahrnehmung der beteiligten Personen widerspiegelt – der Mediator ist zwischen der Lernumwelt, z. B. Unterrichtskonzepte oder Lehrerhandeln, und den Auswirkungen auf schulische und außerschulische Lernaktivitäten (Helmke 2002; Eder 2002). Hier können wir wieder das Bei-

© Springer-Verlag GmbH Deutschland 2017
M. Reindl und B. Gniewosz, *Prima Klima: Schule ist mehr als Unterricht*, Kritisch hinterfragt,
DOI 10.1007/978-3-662-50353-9_5

Unterrichtsforschung   Klimaforschung

Abb. 5.1 Zusammenhang zwischen Unterrichts- und Klimaforschung. (Nach Eder 2002)

spiel aus Kap. 1 aufgreifen. Erst die subjektive Wahrnehmung, ob ein Lehrer witzig ist, kann die Motivation bei der Schülerin bzw. dem Schüler erhöhen. Wird der vielleicht objektiv vorhandene Humor beim Lehrer nicht wahrgenommen, hat dieser wiederum auch keinen Einfluss auf schulische oder außerschulische Lernaktivitäten. Dieser Mechanismus wird auch nochmals in folgender Abbildung dargestellt (Abb. 5.1).

Betrachtet man nun in der bisherigen Forschung die Bestandteile der Unterrichtsqualität, wie sie z. B. von Helmke (2009) formuliert werden, lassen sich Merkmale herausfiltern, die bisher in Studien häufig fokussiert werden. Allerdings ist zu beachten, dass Konstrukte oftmals synonym verwendet werden und eine trennscharfe Unterscheidung häufig schwierig ist. Daher fokussieren wir Merkmale, die auch in Studien häufig im Zusammenhang mit dem Unterrichtsklima fokussiert werden. Für die Auswahl an Merkmalen haben wir uns auch an dem Kapitel zum Unterrichtsklima von Leitz (2015) orientiert. Wir möchten allerdings darauf hinweisen, dass die folgende Auflistung keinen Anspruch auf Vollständigkeit hat.

Beziehungsmerkmale (interpersonale Merkmale)
Gegenseitiger Respekt und Autonomie Da Lehrpersonen mit ihren Schülerinnen und Schülern eher vertikale Beziehungen haben, d. h. ihnen gegenüber einen Wissens-, aber auch Handlungsvorsprung haben, entsteht ein Ungleichgewicht in der Beziehungsstruktur. Dieser Verantwortungsvorsprung soll allerdings nicht ausgenutzt werden. Zwar sind Lehrpersonen dafür verantwortlich, Schülerinnen und Schüler zu beurteilen und somit ihren Bildungsweg vorzugeben, diese sollen sich dabei aber fair und gerecht behandelt fühlen und darin unterstützt werden, ihr eigenes Potenzial auszuschöpfen (Kultusministerkonferenz 2000). Hierbei ist es wichtig, die Autonomie jedes Einzelnen innerhalb eines vorgegebenen Rahmens zu berücksichtigen. Dies bedeutet, dass Meinungen und Ideen der Schülerinnen und Schüler respektiert werden, aber auch die Möglichkeit gegeben wird, Lernprozesse autonom zu gestalten, in der Form, dass die Wahl von vorgegebenen Aufgaben eigenständig möglich

ist. Hierbei ist zu beachten, den Grad an Autonomie, den man den Schülerinnen und Schülern gewährt, an den Klassenstufen zu orientieren. So brauchen z. B. Zweitklässler im Vergleich zu Neuntklässlern mehr Hilfestellung bei der Bearbeitung von Aufgaben. Demnach ist die subjektive Wahrnehmung des Klimamerkmals Autonomie auch differenziert zu betrachten. Die gleiche Autonomiegewährung wird in unterschiedlichen Klassenstufen nicht immer als eine passende Autonomiegewährung wahrgenommen. Kritisch anzumerken ist hier, dass gegenseitiger Respekt und Autonomie auch in Kombination mit Unterrichtsinhalten wahrgenommen werden können, sodass eine trennscharfe Unterscheidung zu Inhaltsmerkmalen manchmal schwerfällt

Emotionale Unterstützung „Schülerinnen und Schüler müssen spüren, dass ihre Lehrerinnen und Lehrer ‚ein Herz' für sie haben, sich für ihre individuellen Lebensbedingungen und Lernmöglichkeiten interessieren und sie entsprechend fördern und motivieren, sie fordern, aber nicht überfordern" (Kultusministerkonferenz 2000, S. 3). Die Fürsorge, die Lehrkräfte für ihre Schülerinnen und Schüler aufbringen, soll zum Ziel haben, dass sie ein vertrauensvolles Verhältnis zu ihren Schülerinnen und Schülern aufbauen. Sie sollen nicht nur in schulischen Angelegenheiten Ansprechpartner sein, sondern auch in privaten Problemsituationen ein offenes Ohr für die Anliegen der Schülerinnen und Schüler haben. Der Aufbau einer vertrauensvollen Beziehung lässt sich über die Bindungstheorie (Bowlby 1969) erklären. Diese Theorie wird zwar zumeist im Zusammenhang mit der Familie erwähnt, aber genauso gut ist es möglich, Bindungen zu anderen Personen, wie Lehrkräften, aufzubauen (Howes und Spieker 2008). Neben der Familie (insbesondere bei negativen Beziehungen in der Familie) können diese eine Anlaufstelle für Kinder und Jugendliche mit emotionalen Problemen sein. Sichere Bindungen sind Voraussetzung dafür, dass sich Kinder und Jugendliche in ihrer Umgebung wohlfühlen und diese auch erkunden (explorieren). Übertragen auf den schulischen Kontext kann somit die Lehrkraft neben den Klassenkameraden ebenfalls eine Bezugsperson darstellen, die den Schülerinnen und Schülern ein Gefühl der Geborgenheit vermittelt, was wiederum Voraussetzung dafür ist, dass sie sich mit Neugier den Lerninhalten widmen. Auch in neueren Motivationstheorien wird aufbauend auf der Bindungstheorie das Bedürfnis nach sozialer Eingebundenheit thematisiert (vgl. Deci und Ryan 1985).

Inhaltsmerkmale
Entspannte Lernatmosphäre (Humor) Eine entspannte Lernatmosphäre lässt sich unter anderem herstellen, indem Lehrkräfte in ihren Unterricht Witz einfließen lassen. Hierbei spielt der Humor eine wichtige Rolle. Allerdings ist es nicht Ziel, einen Witz nach dem anderen zu reißen. Es kommt auf die Qualität des Humors an, den die Lehrkraft anwendet. Humor ist

grundsätzlich dadurch charakterisiert, dass Inkongruenzen in der Umwelt wahrgenommen werden, die amüsierend sind (Martin 2007).

?

Je witziger, desto besser?

Entscheidend ist, dass es verschiedene Formen von Humor gibt, die nicht alle eine positive Wirkung auf Lernen und Leistung haben müssen. Es werden insgesamt vier Humorformen unterschieden (Martin et al. 2003):

1. *Affiliativer Humor:* Diese Humorform ist dadurch gekennzeichnet, dass der Witz, den die Lehrperson erzählt, nicht auf Kosten anderer Personen geht, und trägt somit eher zu einer positiven Lernatmosphäre bei, da dieser soziale Beziehungen fördert.
2. *Selbstabwertender Humor:* Bei dieser Art von Humor nimmt sich die Lehrperson selbst als Person nicht so ernst und stellt eigene Angelegenheiten ironisch in den Mittelpunkt. Auch hierbei handelt es sich um eine positive Humorform.
3. *Selbstaufwertender Humor:* Diese Humorform ist eher nach innen gerichtet und beschreibt die Tendenz, sich selbst durch witzige Gedanken positiv zu bestärken und dabei negative Emotionen abzubauen. Diese Humorform ist somit eher für die Psychohygiene von Lehrpersonen wichtig und weniger gut wahrnehmbar für die Umwelt.
4. *Aggressiver Humor:* Charakteristisch für diese gut wahrnehmbare Humorform ist die Aufwertung der eigenen Person auf Kosten anderer. Wenn sich eine Lehrperson über einen bestimmten Schüler immer lustig macht, trägt das nicht zum Aufbau einer positiven Beziehung bei und ist somit auch hinderlich für eine positive Lernatmosphäre.

Ergebnisse aus einer Studie von Bieg und Dresel (2016) ergaben, dass diese Humorformen getrennt abgebildet werden können und auch zwischen Klassen variieren, d. h., dass ein unterschiedlicher Grad an der jeweiligen Humorform wahrgenommen wird, je nachdem welche Lehrperson eingeschätzt wird.

Umgang mit Fehlern Irren ist menschlich. Wahrscheinlich kennt jeder diese Redewendung. Das Eingestehen eines Fehlers ist allerdings wieder eine ganz andere Sache und fällt manchmal schwerer als gedacht. Da Fehler allerdings eine völlig natürliche Sache gerade im Lernprozess sind, sollten Fehler auch als Lernchance insbesondere durch die Lehrpersonen begriffen werden. So können Fehler im Unterricht – definiert als die Diskrepanz zwischen einem aktuellen und einem zukünftigen Zustand (Frese und Zapf 1991) – überwunden werden, wenn die Person diese Diskrepanz wahrnimmt bzw. von der

Lehrperson darauf hingewiesen wird. In diesem Zusammenhang wird in der Forschung häufig der Begriff des Fehlerklimas (Oser und Spychiger 2005) verwendet. Da sich dieser Bereich deutlich auf unterrichtsbezogene Fehler bezieht, wird er als dem Unterrichtsklima zugehörig angesehen.

?

Sollte man Fehler unter allen Umständen vermeiden?

Macht die Lehrperson Schülerinnen oder Schülern bei Fehlern keine Vorwürfe, entwickeln sie keine Angst, Fehler zu machen, und können diese sogar als Chance begreifen, aus Fehlern zu lernen. Ein gegenteiliger Effekt tritt allerdings ein, wenn Fehler durch die Lehrperson als etwas grundsätzlich Negatives gewertet und sofort verbessert werden und den Schülerinnen und Schülern die Chance genommen wird, selbst die richtige Lösung zu finden.

Klassenführung Helmke (2009) formuliert drei Bausteine für eine erfolgreiche Klassenführung:

1. *Klare Regeln:* Regeln strukturieren das soziale Geschehen. Schülerinnen und Schüler wissen dann z. B., wann sie sich melden dürfen oder wann sie sich mit ihren Nachbarn über Unterrichtsinhalte austauschen können und wann nicht.
2. *Erfolgreiches Zeitmanagement:* Hierfür formuliert Helmke (2009) die Zone der Passung. Die Zone befindet sich inmitten eines Kontinuums, an dessen beiden Extremen totaler Zeitdruck und Hektik sowie zu lange Wartezeiten und Leerlauf stehen. So kann Zeitdruck dazu führen, dass sich Schülerinnen und Schüler gestresst fühlen und gar nicht die kognitiven Kapazitäten dafür aufbringen können, die Inhalte richtig zu verarbeiten. Zu viel Zeit hingegen kann zu Langeweile und damit dazu führen, dass Schülerinnen und Schüler kein Interesse mehr haben, sich mit den Inhalten zu beschäftigen.
3. *Effizienter Umgang mit Störungen:* Wenn Störungen aufkommen, sollten diese durch effektive Maßnahmen (z. B. verbale Intervention, Auszeit) sofort unterbunden werden.

Alle drei Bereiche lassen sich inhaltsbezogenen Dimensionen des Unterrichtsklimas zuordnen, da die Struktur vorgegeben wird, wie Unterrichtsinhalte vermittelt werden.

Motivierung Ein motivationsförderliches Klima kann auf verschiedene Arten hergestellt werden. Hierbei spielen nach Helmke (2009) folgende Bereiche eine Rolle:

1. *Thematische Motivierung:* Die Auswahl und die Gestaltung des Unterrichtstoffes sollen sich z. B. an der Lebenswelt der Schülerinnen und Schüler orientieren. Der Alltagsbezug stellt eine wichtige Komponente dar, damit sich Schülerinnen und Schüler auch für die Inhalte über die Schule hinaus interessieren. So kann es z. B. weniger spannend sein, wenn die Aerodynamik rein technisch erklärt wird, wie sich Körper in kompressiblen Fluiden bewegen. Spannender wird die Sache, wenn man in diesem Zusammenhang die Fortbewegung eines Flugzeugs erklärt, das die Schülerinnen und Schüler sicher in den Sommerurlaub bringt.

2. *Lehrererwartungen:* Zu hohe bzw. zu niedrige Leistungserwartungen vermitteln den Schülerinnen und Schülern ein Gefühl der Unter- bzw. Überforderung, was sich negativ auf ihre Motivation auswirken kann. In diesem Zusammenhang spielt auch die Leistungsbewertung eine wichtige Rolle. Für die Leistungsbewertung können Lehrpersonen unterschiedliche Bezugsnormen heranziehen (vgl. zusammenfassend Rheinberg 2008). Wie in Abschn. 4.3 ausführlich dargestellt, sind drei Bezugsnormorientierungen zu unterscheiden: die kriteriale, die soziale und die individuelle. Insbesondere die Anwendung einer sozialen Bezugsnorm lässt vermuten, dass sich Schülerinnen und Schüler mit Klassenkameraden vergleichen und immer besser sein wollen als sie.

3. *Vorbildfunktion der Lehrperson:* Der Enthusiasmus, mit dem die Lehrkraft die Inhalte vermittelt, kann von den Schülerinnen und Schülern wahrgenommen und auch übernommen werden. Wenn schon die Lehrkraft (die auch noch Geld dafür bekommt) keine Begeisterung für Mathe zeigt, wieso sollten dann die Schülerinnen und Schüler Spaß daran haben?

4. *Neugier der Schülerinnen und Schüler:* Die Neugier soll über den Einsatz von Inkohärenzen geweckt werden. Gerade die Kommunikation über solche Inkohärenzen soll das Unterrichtsgeschehen in Gang setzen und Lernen fördern.

> *„Löschen von Bränden.* Das Löschen von Bränden mit Wasser ist den Schülern gut bekannt. Auf die Frage, wie etwa brennendes Fett einer Fritteuse oder brennende Metallspäne in einer Metallwerkstatt gelöscht werden, wird die Antwort der meisten Schüler aufgrund ihrer Erfahrungen selbstverständlich sein: ‚mit Wasser'. Beider tatsächlichen Durchführung […] sind die Schülerinnen und Schüler über die sehr heftigen Stichflammen sehr erstaunt: Das haben sie nicht erwartet und überlegen sich hoch motiviert sachlich angemessene Antworten (Barke und Harsch 2011, S. 42).

Aufgrund der Motivierung der Schülerinnen und Schüler bezüglich spezifischer Unterrichtsinhalte werden diese Merkmale der Inhaltsdimension zugeordnet.

Klarheit und Strukturiertheit Unter Klarheit fasst Helmke (2009) vier Komponenten:

1. Akustische Verstehbarkeit,
2. Sprachliche Prägnanz,
3. Inhaltliche Kohärenz,
4. Fachliche Korrektheit.

Es ist wichtig, dass Lehrpersonen klare Lehrziele vorgeben und den Stoff für die Schülerinnen und Schüler inhaltlich strukturieren, damit diese den erlernten Stoff besser vernetzen können. Darunter fällt auch die nötige Aktivierung von Vorwissen, durch die es den Schülerinnen und Schülern erleichtert wird, neue Inhalte mit den bereits gelernten Inhalten zu verknüpfen. Die Klarheit der Strukturierung ist insbesondere bei lernschwachen Schülern immens wichtig (Helmke und Schrader 2008). Da dieses Merkmal darauf abzielt, wie Lehrpersonen Unterrichtsinhalte vermitteln (z. B. „Unsere Lehrer geben am Anfang einen Überblick über die Inhalte der Stunde"), wird diese Dimension der Inhaltsdimension zugeordnet.

Umgang mit Heterogenität Jede Schülerin bzw. jeder Schüler sollte gemäß ihrer bzw. seiner Fähigkeiten und Voraussetzung gefördert werden. Heterogenität kann sich auf Unterschiede im Vorwissen, den Migrationshintergrund, den Entwicklungsstand oder den Lernstil beziehen (Helmke 2009). Es ist wichtig, dass Lehrpersonen sich auf diese unterschiedlichen Voraussetzungen einstellen und darauf reagieren. Möglichkeiten, wie Lehrpersonen im Unterricht mit Heterogenität umgehen können, formuliert Weinert (1997):

1. Sie können Heterogenität ignorieren.
2. Sie können die Schülerinnen und Schüler an den Unterricht anpassen, also die Klasse homogenisieren.
3. Sie können den Unterricht an die lernrelevanten Unterschiede zwischen Schülerinnen und Schülern anpassen.
4. Sie können einzelne Schülerinnen und Schüler gezielt durch adaptive Gestaltung des Unterrichts fördern (z. B. „Unsere Lehrer versuchen, uns entsprechend unseren Voraussetzungen zu unterstützen").

Bezugnehmend auf den Migrationshintergrund kann Heterogenität auch als Chance begriffen werden, wechselseitig neue Kulturen kennenzulernen und somit toleranter gegenüber anderen Kulturen zu werden.

?

Wie kann man das Unterrichtsklima messen?

Fragebögen, die Merkmale des Unterrichtsklimas erheben, sind z. B. die Klimaskalen nach Fend (1977), der konkret die Skalen nach Inhalts- und Beziehungsaspekten unterteilt, oder die Landauer Skalen zum Sozialklima von Saldern und Littig (1987), die bereits in Kap. 4 angesprochen wurden. Diese erheben neben der Schüler-Schüler-Beziehung (zugehörig zum Klassenklima) auch die Lehrer-Schüler-Beziehung und Inhaltsmerkmale (zugehörig zum Unterrichtsklima). Beide Methoden sind Fragebogenmethoden. Hierbei werden die beteiligten Personen (Schülerinnen und Schüler) nach ihrer Einschätzung gefragt.

Ein weiteres Instrument ist das CLASS-Instrument (Pianta et al. 2008a). Hierbei handelt es sich um eine Fremdeinschätzung von Merkmalen des Unterrichtsklimas durch trainierte Beobachter. Dies macht es möglich, das Instrument auch in der Primarstufe anzuwenden. Das Instrument besteht aus drei Dimensionen:

1. Emotionale Unterstützung,
2. Klassenraumorganisation,
3. Instruktionsunterstützung.

5.2   Was macht das?

Warum sollten Lehrpersonen darauf achten, diese Klimamerkmale zu erfüllen? Im Folgenden werden Effekte beschrieben, wie einzelne Klimamerkmale die Entwicklung von Schülerinnen und Schülern beeinflussen. Hierbei fokussieren wir die Motivation, die Leistung, das Selbstkonzept bzw. die Selbstwirksamkeit, das Sozialverhalten und die politische Sozialisation bzw. die Toleranz.

Motivation
Studien ergaben, dass die Motivation der Schülerinnen und Schüler über den Schulverlauf abnimmt (Fredricks und Eccles 2002; Frenzel et al. 2010; Jacobs et al. 2002). Es stellt sich die Frage, welche Merkmale des Unterrichtsklimas diesem Rückgang entgegenwirken können. Für die Beziehungsmerkmale lassen sich Einflüsse durch die Selbstbestimmungstheorie (Deci und Ryan 1985)

erklären. Für die Entwicklung einer intrinsischen Motivation – dass die Schülerin oder der Schüler Spaß am Lernen hat – spielen die drei Grundbedürfnisse Autonomie, Kompetenz und soziale Eingebundenheit eine Rolle. Insbesondere die soziale Eingebundenheit als Beziehungsmerkmal kann (wie auch beim Klassenklima; Kap. 4) als Indikator dienen, warum Schülerinnen und Schüler Spaß am Lernen haben. Interessiert sich die Lehrperson für die persönlichen Belange jeder Schülerin bzw. jedes Schülers, vermittelt das ein Gefühl der Sicherheit und Wertschätzung. Schülerinnen und Schüler können darauf aufbauend eigene Ideen explorieren und sich den Unterrichtsinhalten widmen. Auch Studien bestätigen diesen Zusammenhang zwischen der Fürsorge der Lehrkraft und der intrinsischen Motivation der Schülerinnen und Schüler (Wentzel 1998; Woolley et al. 2008).

Für die Wahrnehmung von Inhaltsmerkmalen lassen sich Einflüsse zumeist über das Prozess-Produkt-Paradigma der Unterrichtsforschung erklären (Helmke 2009). Dabei werden Merkmale der Unterrichtsqualität herangezogen, die Einfluss auf das Lern- und Leistungsverhalten von Schülerinnen und Schülern haben sollen. Merkmale wären z. B. die Wahrnehmung der Klarheit des Unterrichts, der wahrgenommene Leistungsdruck, die wahrgenommene Klassenführung oder die wahrgenommene Klassenraumorganisation.

? ✕

Welche Merkmale sind entscheidend für die Entwicklung der Motivation – Beziehungs- oder Inhaltsmerkmale?

Eine Studie von Reyes et al. (2012) untersuchte den Einfluss von Beziehungs- und Inhaltsmerkmalen des Klimas auf die Motivation, hier den intrinsischen Wert und deren indirekten Effekt auf die Leistung der Schülerinnen und Schüler. Es wurden Kinder der sechsten Jahrgangstufe zu einem Messzeitpunkt untersucht. Das Klassenklima wurde über eine Fremdeinschätzung mit dem CLASS-Instrument (Tab. 1.1) erhoben. Hierbei wurden die Lehrkräfte nach den Dimensionen emotionale Unterstützung (Beziehungsmerkmal), Instruktionsunterstützung (Inhaltsmerkmal) und Klassenraumorganisation (Inhaltsmerkmal) untersucht. Motivation wurde durch die Schülerinnen und Schüler selbst eingeschätzt und die Noten durch die jeweiligen Lehrkräfte. Über Mehrebenenmodelle wurde der Einfluss sowohl des Beziehungsmerkmals als auch der Inhaltsmerkmale (kollektives Klima) auf die Motivation und die Leistung der Schülerinnen und Schüler untersucht. Die Ergebnisse zeigen, dass das Beziehungsmerkmal einen bedeutenden Einfluss auf die Motivation und auch teilweise mediiert auf die Leistung hat. Hingegen hatten die Inhaltsmerkmale keinen Einfluss. Dies zeigt die hohe Bedeutung den Schülerinnen und Schülern ein Gefühl der sozialen Eingebundenheit zu vermitteln und somit deren Motivation als auch deren Leistungen zu fördern.

Leistung

Wie schon beschrieben spielt die soziale Eingebundenheit für die Motivation von Schülerinnen und Schülern und in Folge dessen für deren Leistung eine bedeutende Rolle. Ebenfalls haben Studien gezeigt, dass Beziehungsmerkmale wie die emotionale Unterstützung auch einen direkten Effekt auf die Leistung der Schülerinnen und Schüler haben (z. B. Pianta et al. 2008b; Rudasill et al. 2010), die nach der Studie von Reyes et al. (2012) wahrscheinlich über die Motivation vermittelt ist.

Weitere Einflüsse auf die Leistung können wiederum durch Inhaltsmerkmale erklärt werden. Hierbei betrachten wir genauer das Fehlerklima. Es kann angenommen werden, dass ein positives Fehlerklima wichtig für die Leistung, aber auch die Einschätzung der eigenen Fähigkeiten ist (vgl. Spychiger et al. 1999). Schülerinnen und Schüler sind nicht demotiviert, wenn sie einen Fehler machen. Trotz des Fehlers versuchen sie, die richtige Lösung zu finden. Das hat wiederum zur Folge, dass sie aufgrund eines Fehlers sich selbst nicht als weniger begabt einschätzen und somit ihr Fähigkeitsselbstkonzept nicht verringert wird (Steuer et al. 2013).

?

Lassen sich negative Voraussetzungen im Elternhaus durch Klimamerkmale kompensieren?

Eine interessante Studie von Hamre und Pianta (2005) beantwortet genau diese Fragestellung. Hierbei fokussieren die Forscher auch eine Risikogruppe an Erstklässlern mit einer erhöhten Wahrscheinlichkeit für Schulversagen – gemessen auf Basis demografischer (Bildungslevel Mutter) und funktionaler Faktoren (z. B. Problemverhalten). Die Ergebnisse zeigen, dass sowohl emotionale Unterstützung (Beziehungsmerkmal) als auch instruktionale Unterstützung (Inhaltsmerkmal) durch die Lehrperson dazu beiträgt, dass die Leistungen der Risikokinder sich den Leistungen der Kinder ohne Risiko angleichen. Merkmale des Unterrichtsklimas tragen also dazu bei, dass Nachteile von Risikokindern kompensiert werden und somit die Möglichkeit des Schulversagens reduziert wird.

Selbstkonzept und Selbstwirksamkeit

Bezugsnormen der Lehrkräfte, insbesondere Inhaltsmerkmale der Motivierung, sind entscheidend dafür, wie sich das Selbstkonzept und die Selbstwirksamkeit der Schülerinnen und Schüler entwickeln. Klassen, in denen eine soziale Bezugsnorm der Lehrkräfte wahrgenommen wird, sind davon geprägt, dass gute Noten von den Noten der Klassenmitglieder abhängen. Vor allem leistungsschwache Schülerinnen und Schüler sind hier im Nachteil, denn ihre Noten werden immer im Zusammenhang mit den guten Noten der Mitschülerinnen und Mitschüler betrachtet und mindern so die Einschätzung der eigenen Fähigkeiten. Im Gegensatz dazu lässt die Wahrnehmung einer individuellen Bezugsnorm die Einschätzung der eigenen Leistungen im Bezug zu vorangegangen Leistungen zu. Es ist möglich, dass auch vermeintlich durchschnittliche Schülerinnen und Schüler positive Rückmeldungen bekommen, wenn sie selbst ihre Leistungen verbessert haben. Dies hat wiederum einen positiven Effekt auf die Einschätzung ihrer eigenen Fähigkeiten und Fertigkeiten.

Hierbei soll beispielhaft eine Studie von Satow (1999) skizziert werden. Ziel der Längsschnittstudie mit drei Messzeitpunkten war es, den Einfluss von Merkmalen des Unterrichtsklimas wie der Fürsorglichkeit der Lehrkraft (Beziehungsmerkmal) und eines individualisierten Unterrichtsklimas (individuelle Bezugsnorm, Inhaltsmerkmal) auf die Selbstwirksamkeitserwartung der Schülerinnen und Schüler zu untersuchen. Die Analysen zeigen, dass das individualisierte Klima (sowohl das psychologische als auch das kollektive Klima) mit der Selbstwirksamkeitserwartung zusammenhängt. Leider ist eine Betrachtung eines längsschnittlichen Zusammenhangs der Klimamerkmale mit der Selbstwirksamkeitserwartung nicht möglich, da beide Merkmale (Beziehungs- und Inhaltsmerkmal) zu einem Unterrichtklimaindex zusammengefasst wurden (da haben wir wieder das Problem, was genau als Unterrichtsklima betrachtet wird). Allerdings lassen die deskriptiven Ergebnisse (Korrelationen) darauf schließen, dass der längsschnittliche Zusammenhang ausschließlich für die individualisierte Bezugsnorm vorhanden ist.

Sozialverhalten

Fürsorge und ein vertrauensvolles Verhältnis der Lehrperson haben nicht nur einen Einfluss auf Lern- und Leistungsverhalten, sondern auch darauf, inwieweit sich Schülerinnen und Schüler in ihrer Klasse wohlfühlen bzw. welches Sozialverhalten sie zeigen. Lehrpersonen, die sich verständnisvoll gegenüber den Problemen der Schülerinnen und Schüler zeigen und versuchen, ihre Probleme konstruktiv zu lösen, können dazu beitragen, dass sich Schülerinnen und Schüler innerhalb der Klasse kooperativ und verständnisvoll gegenüber ihren Klassenkameraden verhalten. Dies zeigen auch empirische Belege, bei denen Beziehungsmerkmale wie Fürsorge der Lehrkraft einen Einfluss auf das Sozialverhalten von Schülerinnen und Schülern haben (Hamre und Pianta 2005; Wilson et al. 2007; Mashburn et al. 2008).

Thomas et al. (2011) untersuchten den Einfluss der positiven Lehrer-Schüler-Interaktion (Beziehungsmerkmal emotionale Unterstützung) auf die Entwicklung des individuellen, aggressiven Verhaltens der Schülerinnen und Schüler und beobachteten über 4000 Kinder am Übergang vom Kindergarten zur Grundschule. Das Klimamerkmal wurde mit dem Classroom Atmosphere Ratings Instrument (Tab. 1.1) über Fremdeinschätzungen von trainierten Beobachtern erhoben. Hierzu analysierten sie eine 30-minütige Unterrichtssequenz dahingehend, wie Lehrpersonen die Bedürfnisse ihrer Schülerinnen und Schüler wahrnehmen. Das aggressive Verhalten der Schülerinnen und Schüler wurde ebenfalls durch die Lehrkraft zu beiden Messzeitpunkten mit sechs Items eingeschätzt. Die Ergebnisse zeigen, dass neben dem Aggressionspotenzial in der Klasse auch die positive Beziehung zur Lehrkraft (kollektives Klima) einen Einfluss auf das aggressive Verhalten der Schülerinnen und Schüler hat, und bestätigen somit, dass neben Lern- und Leistungsverhalten auch das Sozialverhalten durch die Lehrkräfte beeinflusst werden kann.

Politische Sozialisation und Toleranz

Die freie Meinungsäußerung ist in unserer Gesellschaft ein zentraler Wert. Auch Schülerinnen und Schülern kann die Bedeutung dessen im Unterricht vermittelt werden und somit indirekt dazu beitragen, dass sie selbst im Unterricht frei ihre Meinung äußern. Einflüsse eines diskussionsfreudigen Klimas (Klimamerkmal: gegenseitiger Respekt) sowohl auf das Wahlverhalten als auch das zivilrechtliche Wissen zeigen sich in der Civic Education Studie (Tourney-Purta et al. 2001). Besondere Bedeutung findet dieser Zusammenhang in der Betrachtung aktueller Ergebnisse der Shell-Jugendstudie (Albert et al. 2015). Denen zufolge ist der Prozentsatz an Jugendlichen, die sich für politische Inhalte interessieren, zwar angestiegen (ca. 41 %), aber immer noch ein bedeutender Anteil hat kein Interesse an Politik und besitzt eine hohe Politikverdrossenheit. Ein offenes, diskussionsfreudiges Klassenklima könnte eine Möglichkeit sein, Politikverdrossenheit schon in frühen Jahren abzubauen und Interesse an eigener, freier Meinungsäußerung zu entwickeln.

Ein weiterer wichtiger Punkt ist die Toleranz gegenüber Schülerinnen und Schülern mit Migrationshintergrund. Der faire Umgang durch die Lehrkraft kann den Schülerinnen und Schülern ebenfalls indirekt vermitteln, dass jede Person – unabhängig von der Herkunft – gleich viel wert ist.

?

Welche Klimamerkmale des Unterrichts beeinflussen die Toleranz gegenüber Ausländern?

Die Studie von Gniewosz und Noack (2008) fokussierte auf ein diskussionsfreudiges Klima (Klimamerkmal: gegenseitiger Respekt), die Fairness gegenüber jeder Schülerin bzw. jedem Schüler (Klimamerkmal: Umgang mit Heterogenität) und den Leistungsdruck (Klimamerkmal: Motivierung), um die Einstellungen gegenüber Ausländern vorherzusagen. Hierbei wurden über 1300 Jugendliche untersucht. In den Analysen zeigte sich, dass die wahrgenommene Fairness sowie der wahrgenommene Leistungsdruck der Lehrerinnen und Lehrer (psychologisches Klima) einen bedeutenden Einfluss auf die Einstellung gegenüber Ausländern haben. Im Gegensatz dazu hat ein offenes Klassenklima keinen Einfluss auf die Einstellung gegenüber Ausländern. Wie die Autoren selbst anmerken, kann das Klassenklima in Form einer offenen Diskussionskultur möglicherweise eher indirekt Werte und Normen einer freien Meinungsäußerung vermitteln.

5.3 Wo kommt das her?

Schulsystem (Makroebene)
Die Autonomie der Einzelschule spielt in den letzten Jahren immer häufiger eine wichtige Rolle. Wie z. B. in Berlin der Gesetzesentwurf zeigt, sollen den Schulen pädagogische Gestaltungsfreiräume eingeräumt werden, die es erlauben, die Schulprogrammentwicklung selbstständig voranzutreiben (Kap. 2). Daraus folgend enthält insbesondere die Schulleitung zunehmende Kompetenzen in der Umsetzung dieser Leitlinien. Ziel sollte sein, die Effektivität des gesamten Schulsystems zu steigern (vgl. zusammenfassend Berkemeyer 2010). Demnach hängt die Einbindung der Lehrkräfte – gerade in der Entwicklung einer autonomen Schule – stark von der Schulleitung selbst ab, um in der Folge Inhaltsmerkmale, wie den Umgang mit Heterogenität, Unterrichtsmethoden oder Maßnahmen der Motivierung, zu verbessern. Mehr Autonomie in diesem Bereich könnte ebenfalls dazu führen, dass die Schulleitung vorab darüber entscheiden kann, ob jeweilige Lehrerpersönlichkeiten in ihr Team passen, um so ein mögliches Konfliktpotenzial im Lehrerkollegium zu vermeiden. Dieser Einfluss, der sich zuerst eher auf das Schulklima auswirkt, nämlich die Interaktionen zwischen den Lehrpersonen, kann sich beispielsweise auf Klassenebene wiederum darin auswirken, dass Lehrerinnen und Lehrer sich ohne belastende Konfliktsituationen im Hinterkopf um ihre Schülerinnen und Schüler kümmern können. Ebenso kann dies zu einer stringenten Durchsetzung von Regeln (wenn alle Lehrpersonen am gleichen Strang ziehen) führen. Somit können auf der Klassenebene sowohl Beziehungsmerkmale, wie die Beziehungen zu den Lehrkräften, als auch Inhaltsmerkmale, wie die Durchsetzung von Regeln, schon frühzeitig bei der Auswahl an Lehrkräften beeinflusst werden.

Weiterhin werden seit einigen Jahren bundesweite Lernstanderhebungen, z. B. die VERA-Untersuchungen, durchgeführt. Die Frage ist, wie mit diesen

Informationen umgegangen wird und diese an die Schulleitung und Lehrkräfte rückgemeldet werden. Erfolgen die Rückmeldungen konstruktiv und sind eher auf den Lernprozess ausgereichtet und weniger auf das Lernergebnis, können sie positiv genutzt werden. Lehrkräfte können eine Individualisierung im Unterricht umsetzen, um schwächere Schülerinnen und Schüler zu fördern. Weiterhin erhalten sie Informationen über das Vorwissen der Schülerinnen und Schüler, um dieses gezielt zu aktivieren und die Schülerinnen und Schüler dementsprechend zu motivieren. So kann der Umgang mit heterogenen Lernvoraussetzungen positiv beeinflusst werden.

Politische Ziele (Makroebene)
Politische Ziele, die von den Parteien bezüglich Integration und Chancengleichheit thematisiert werden, können Einfluss auf Inhaltsmerkmale haben, nämlich ob jede Schülerin bzw. jeder Schüler in der Klasse gleich behandelt wird. Allerdings werden diese Ziele von Parteien oftmals unterschiedlich thematisiert und vermitteln implizit unterschiedliche Positionen zu Chancengleichheit und Integrationswillen. So fordert z. B. die Lehrergewerkschaft die Einstellung von 25.000 neuen Lehrkräften, um die Integration von Flüchtlingskindern zu bewältigen. Die Landesregierungen reagieren nur teilweise auf diese Forderungen, Baden-Württemberg z. B. mit der Einstellung von 6000 neuen Lehrkräften. Diese in der Gesellschaft vermittelten politischen Ziele und Maßnahmen können auch Werte und Einstellungen von Lehrkräften beeinflussen. Sie übernehmen die parteipolitischen Einstellungen Ideen und tragen sie in das Klassenzimmer hinein. Dies kann sich z. B. darin äußern, dass Flüchtlingskinder gar nicht richtig in den Schulalltag eingebunden werden, da wenig Unterstützung durch die Lehrkraft erfolgt.

Gleichzeitig sind wiederum strukturelle Gegebenheiten, wie der Mangel an Lehrkräften, ein Indikator dafür, wie Integration überhaupt umgesetzt werden kann. So kann zwar der Wille vorhanden, aber die Möglichkeit wegen des Mangels an Lehrkräften begrenzt sein, ein Klima herzustellen, in dem alle Schülerinnen und Schüler mit der gleichen Intensität betreut werden. Weiterhin bleibt es politisch ein notwendiger und bisher nicht erfüllter Schritt, einen Plan vorzulegen, wie die Integration an Schulen besser durchgeführt werden kann. Zwar haben die meisten Bundesländer eine Schulpflicht für Flüchtlinge eingeführt, aber in manchen Bundesländern ist es den Kindern und Jugendlichen nach wie vor freigestellt, ob sie die Schule besuchen. Allein eine Schulpflicht für Flüchtlingskinder schafft auch für die Lehrkräfte eine klare Struktur und Vorgabe, diese Kinder bestmöglich über die Schullaufbahn zu integrieren, also zum einen Beziehungen zu den Kindern aufzubauen und zum anderen diese in den Unterricht zu integrieren.

Schularten (Mesoebene)

Merkmale wie die soziale Unterstützung durch die Lehrkraft können ebenso durch die Schulart beeinflusst werden. Das umfangreiche Curriculum und damit der Zeitmangel macht es oftmals schwierig, zu jedem der maximal 33 Schülerinnen und Schüler eine gute Beziehung aufzubauen. Mehr Möglichkeiten für eine flexible Zeitgestaltung bieten Ganztagsschulen im Vergleich zu Halbtagsschulen. Die Studienpläne sind nicht so gedrängt, und der Unterrichtsplan kann entzerrt werden, um persönlichen Belangen der Schülerinnen und Schüler mehr Raum zu gewähren. Inhaltsmerkmale wie die Einhaltung angemessener Wartezeiten sind ebenfalls besser zu realisieren, da weniger Zeitdruck herrscht. Die Gefahr hierbei liegt eher darin, dass aufgrund des zusätzlichen Zeitangebots zu lange Wartezeiten entstehen.

Schüler-Schüler-Interaktionen (Mikroebene)

Schüler-Schüler-Interaktionen können entscheidenden Einfluss auf die Entstehung von Beziehungsmerkmalen des Unterrichtklimas haben. Hierbei kann der Umgang mit Konflikten zwischen Schülerinnen und Schülern Modell dafür sein, wie Lehrkräfte auch innerhalb der Klasse mit Konfliktsituationen umgehen. So ist es durchaus denkbar, dass Merkmale des Klassenklimas, wie das Konfliktpotenzial in einer Klasse, auch Merkmale des Unterrichtsklimas beeinflussen, z. B. Beziehungsmerkmale. Des Weiteren können häufige Störungen im Unterricht, die durch konfliktreiche Situationen, aber auch durch Fehlverhalten einzelner Schülerinnen und Schüler entstehen, eine entspannte Lernatmosphäre verhindern. Lehrpersonen haben weniger Zeit, auf humorvolle Art und Weise Unterrichtsinhalte zu vermitteln, da sie größtenteils damit beschäftigt sind, Schülerinnen und Schüler zu reglementieren.

Individualmerkmale des Lehrpersonals (Mikroebene)

Die Einstellungen der Lehrpersonen gegenüber Strukturierung, eigenen Fähigkeiten oder Schülerstereotypen können sowohl Inhalts- als auch Beziehungsmerkmale beeinflussen (vgl. zusammenfassend Rubie-Davies 2014).

Lehrpersonen, die in Gebieten mit geringem sozioökonomischen Status arbeiten, glauben, dass mehr Regeln und eine höhere Strukturierung für einen effektiven Unterricht notwendig sind (Solomon et al. 2014), da Schülerinnen und Schüler in diesen Gegenden mit höherer Wahrscheinlichkeit unangemessenes Verhalten zeigen. Zudem werden Merkmale der Motivierung beeinflusst, da in solchen Gebieten eher langweilige und wenig herausfordernde Aufgaben gewählt werden.

Einflüsse auf Beziehungsmerkmale werden z. B. über die Einschätzung der Lehrkräfte zu ihrer eigenen emotionalen Kompetenz gefunden. Brown et al.

(2010) haben herausgefunden, dass Lehrpersonen, die glauben, Emotionen bei Mitmenschen erkennen und auch ihre eigenen gut regulieren zu können, positivere Beziehungen zu Kindern in der Grundschule aufbauen. Daraus ergibt sich eine positive Wirkung auf die soziale Unterstützung, da diese Lehrpersonen ihren Schülerinnen und Schülern vermehrt bei Problemen helfen.

Auch Emotionen der Lehrkraft gegenüber ihrem Beruf haben Einfluss auf Klimamerkmale. So können positive Emotionen wie Freude am Unterricht eine positive Lernatmosphäre begünstigen und die Freisetzung kognitiver Ressourcen, die für die Vermittlung von Unterrichtsinhalten nötig sind, erleichtern. Außerdem begünstigen sie die psychische Gesundheit der Lehrkraft, was wiederum die Wahrscheinlichkeit erhöht, dass sich die Lehrkraft um die Belange der Schülerinnen und Schüler kümmert. Den Zusammenhang mit negativen Emotionen und der Entstehung eines Burnouts zeigt die Potsdamer Lehrerstudie (Schaarschmidt 2005), in der sich ein bestimmtes Risikomuster (in der Studie als Resignationsmuster bezeichnet) identifizieren lässt: Negative Emotionen (Unzufriedenheit und Niedergeschlagenheit) in Kombination mit einem reduzierten Engagement und geringer Erholungs- und Widerstandsfähigkeit hängen mit einem erhöhten Burnout-Risiko zusammen. Folglich kann angenommen werden, dass ein reduziertes Engagement mit einem verminderten Einsatz zusammenhängt, Schülerinnen und Schüler für Unterrichtsinhalte zu motivieren. Zudem ist es eher wahrscheinlich, dass klare Regeln und eine Strukturierung des Unterrichtsgeschehens vernachlässigt werden. Weiterhin verhindern persönliche Erschöpfungszustände den Aufbau guter Beziehungen zu den Schülerinnen und Schülern, da Emotionen anderer Personen weniger gut erkannt und auf diese reagiert werden kann.

?

Sollen Schülerinnen und Schüler Zugang zur Facebook-Seite der Lehrpersonen haben?

Die Wichtigkeit der Offenheit der Lehrkraft für Beziehungsmerkmale des Unterrichtsklimas zeigt eine Studie von Mazer et al. (2007) am Beispiel von computermediierter Kommunikation über Facebook. Die Studie wurde mit Studierenden durchgeführt, die im Durchschnitt 18 Jahre alt waren und sich eine Facebook-Seite eines Dozenten anschauen sollten. Die Studierenden wurden auf drei Untersuchungsbedingungen aufgeteilt:

1. Facebook-Seite, auf der der Dozent sehr viel von sich berichtet (Lieblingsbücher, Lieblingsfilme, Beziehungsstatus und Mitgliedschaften),
2. Facebook-Seite, auf der der Dozent weniger von sich berichtet (Lieblingsbücher, Lieblingsfilme),
3. Facebook-Seite, auf der der Dozent nur seine Position an der Universität berichtet.

Es zeigt sich, dass die Studierenden, die sehr viele Informationen über den Dozierenden erhalten haben, deutlich besser Merkmale des Unterrichtsklimas, z. B. Humor, einschätzten. Allerdings merken die Studierenden kritisch an, dass viele Informationen auch den gegenteiligen Effekt haben und die Glaubwürdigkeit der Lehrperson einschränken können. So ist aus der Studie zu schließen, dass ein verantwortungsvoller Umgang mit Facebook durchaus positive Effekte auf Merkmale des Unterrichtsklimas und die Motivation der Schülerinnen und Schüler haben kann.

Familie

Die Wahrnehmung eines hohen Leistungsdrucks kann auch durch familiale Bildungsaspiration beeinflusst sein. Ziel vieler Familien ist es, ihre Kinder auf die Schule zu schicken, die einen möglichst hohen Schulabschluss garantiert, was insbesondere bei Familien mit hohem sozioökonomischen Status der Fall ist (Gresch et al. 2009). Leistungsdruck kann daher schon frühzeitig an die Kinder, aber auch als Erwartung an die Lehrkräfte herangetragen werden. Nehmen wir an, Familie Kaiser möchte wie alle anderen Familien in der Klasse ihr Kind Wilhelm unbedingt auf das Gymnasium schicken. Wilhelm erreicht aber nur den Notendurchschnitt für die Mittelschule. Die Eltern tragen diese Erwartungen im Elternabend an die Lehrkraft heran. Wilhelm muss standesgemäß ein Gymnasium besuchen. Je nachdem wie beeinflussbar die Lehrperson hinsichtlich solcher Erwartungen ist, konstituiert sich ein Klima, das insbesondere für schlechte Schülerinnen und Schüler übersteigerte Leistungserwartungen birgt, damit die Erwartungen der Eltern erfüllt werden. Ebenso können sich Einstellungen bezüglich Heterogenität in Klassen auf Werte und Einstellungen der Lehrkräfte übertragen und so ein Klima der Diversität positiv bzw. negativ beeinflussen. Offene und integrationsfreudige Eltern können Merkmale des Unterrichts wie die Heterogenität befürworten. Lehrkräfte können daraufhin diese Werte und Normen ebenfalls übernehmen und in den Umgang mit den Schülerinnen und Schülern einfließen lassen. Somit spielen Werte und Normen bestimmter Gruppen wie der Eltern eine entscheidende Rolle dabei, welche Werte und Normen Lehrkräfte wiederum im Unterricht praktizieren.

5.4 Wie kann ich das beeinflussen?

Verbesserung auf Makroebene

Die Verbesserung von Merkmalen des Unterrichtsklimas kann auf verschiedenen Ebenen ansetzen. Auf der Ebene des Bildungssystems spielen bildungspolitische Entscheidungen eine Rolle, wie Merkmale des Unterrichts verbessert werden können. Eine Möglichkeit stellt die zusätzliche Bereitstellung von Geldern dar, um zusätzliche Lehrkräfte einzustellen. Dies würde es ermöglichen, die Klassengröße teilweise zu reduzieren und dadurch die Wahrscheinlichkeit zu erhöhen, dass Lehrpersonen individuell auf Probleme der Schülerinnen und Schüler reagieren können.

Zudem spielt die Veränderung in der Ausbildung der Lehrkräfte eine wichtige Rolle, um auf zukünftige Integrationsaufgaben besser vorzubereiten. Lehrkräften sollte schon im Studium vermittelt werden, wie interkulturelle Kompetenzen bei Schülerinnen und Schülern gefördert werden können, um somit Toleranz und wechselseitiges Verständnis zu stärken (Kap. 2). Einige wenige Studienstandorte, z. B. die PH Ludwigsburg, bieten bereits speziell für Lehrkräfte Studiengänge an, z. B. interkulturelle Bildung. Hier soll den Studierenden Expertise im Bereich interkultureller Werte und Normen vermittelt werden. Somit besteht die Möglichkeit, diese Lehrkräfte als Multiplikatoren in Schulen einzusetzen und wiederum andere Lehrpersonen dazu zu befähigen, ein Klima der Toleranz zu generieren.

Verbesserung auf Meso- und Mikroebene

Fortbildungen für Lehrpersonen werden von der Schulleitung geregelt (Kap. 3) und sollen den Lehrpersonen die Möglichkeit geben, sich auf der Mikroebene Wissen darüber anzueignen, wie sie Merkmale des Unterrichtsklimas verbessern können. Insbesondere bei angehenden Lehrkräften wird häufig von einem Praxisschock (De Lorent 1992; vgl. Havers 2006) gesprochen, der den Merkmalen des Unterrichtsklimas nicht entgegenkommt. Ein Beispiel, wie Merkmale des Unterrichts verbessert werden können, bietet das Münchner Lehrertraining (Havers 2006; Exkurs: Das Münchner Lehrertraining von Havers), bei dem den Lehrpersonen vermittelt wird, konstruktiv mit Kritik und schwierigen Situationen umzugehen und somit ihre eigene psychische Gesundheit zu bewahren. Die psychische Gesundheit der Lehrpersonen ist wiederum Voraussetzung dafür, dass sie sich um die Belange der Schülerinnen und Schüler kümmern und in der Folge positive Beziehungen zu ihnen aufbauen können. Außerdem wird konkret das Klimamerkmal der Strukturierung angesprochen. Den Lehramtsstudierenden wird gezeigt, wie sie mit Disziplinschwierigkeiten umgehen können.

Exkurs

Das Münchner Lehrertraining von Havers

Konstruktiver Umgang mit Kritik

Lehramtsanwärterinnen und -anwärter sind während ihres Referendariats oftmals mit Kritik konfrontiert, wenn die Betreuungslehrerinnen und -lehrern Rückmeldung zu deren Unterrichtspraxis geben. Dies setzt voraus, dass sie konstruktiv mit dieser Kritik umgehen können und diese als Lernchance begreifen. Somit kann ein positives Verständnis für eigene Fehler auch den Umgang mit den Fehlern der Schülerinnen und Schüler selbst beeinflussen und so zu einer positiven Lernatmosphäre beitragen.

Kommunikation mit den Betreuungslehrerinnen und -lehrern

Die Zusammenarbeit mit den Betreuungslehrerinnen und -lehrern ist eine wichtige Voraussetzung, die psychische Belastung von Lehrkräften zu reduzieren. Ziel soll sein, dass Lehrkräfte selbst lernen, ihre eigenen Kompetenzen einzuschätzen, und um Hilfe bitten, wenn diese notwendig ist. Somit ist die Überforderung der Lehrkraft auch ein Indikator dafür, dass wenige kognitive Ressourcen für die Wahrnehmung der Emotionen der Schülerinnen und Schüler bereitstehen und der Aufbau einer unterstützenden Beziehung möglicherweise beeinträchtigt ist.

Kommunikation mit den Eltern

Eine große Herausforderung stellen für Lehramtsanwärterinnen und -anwärter Elterngespräche dar. Probleme, die hier auftreten können, sind, dass Eltern die Kompetenz von deutlich jüngeren Referendarinnen und Referendaren anzweifeln. Daraus können Konflikte entstehen. Diese Konfliktgespräche werden in Rollenspielen eingeübt, um die Lehramtskandidatinnen und -kandidaten darauf vorzubereiten und das Gefühl der Überforderung zu reduzieren.

Balance zwischen beruflichem Engagement und Freizeit

Viele Lehrerinnen und Lehrer schaffen es nicht, Berufsleben und Privatleben zu trennen. In dem Training wird daher eine Collage entworfen zum Thema „Mein Beruf und ich". Dadurch sollen die zukünftigen Lehrkräfte schon zu Beginn ihres Berufslebens erkennen, welche Rolle ihr Beruf in ihrem Leben einnimmt.

Entspannungstechniken

Am Ende eines jeden Trainingstages werden Übungen zur progressiven Muskelentspannung angeboten. Diese können Lehrkräfte auch in stressigen Zeiten anwenden.

Umgang mit Disziplinschwierigkeiten

Ein Großteil der Übungen des Trainings beschäftigt sich mit dem Thema der Disziplinschwierigkeiten. Hierbei geht es primär um die Förderung sozialer Kompetenzen und Selbstregulationskompetenzen. Es werden insbesondere Merkmale der Klassenführung angesprochen, z. B. klare Regeln zu setzen.

Für Lehrerfortbildungen bleibt allerdings festzuhalten, dass es noch kaum empirische Evidenz der Wirkungen gibt. Zumeist wird die subjektive Zufriedenheit der Lehrkräfte erfragt, so wie es auch bei der Evaluation des Münchner Lehrertrainings der Fall war (Havers 2013). Auswirkungen auf Merkmale des Unterrichtsklimas wurden bisher allgemein noch nicht untersucht (Helmke 2009). Trotzdem scheint das Münchner Lehrertraining ein vielversprechender Ansatz zu sein, um bereits in der Ausbildung der Lehrerinnen und Lehrer Risikofaktoren für ein negatives Unterrichtsklima zu minimieren.

Fazit

Schon zu Beginn des Kapitels haben wir Ihnen keine großen Hoffnungen gemacht, eine befriedigende Antwort darauf zu geben, was Unterrichtsklima im Kern ist. Aber vielleicht müssen wir das auch nicht. Wichtig ist doch zu wissen, dass Klimamerkmale, die nochmals unterteilt wurden in Beziehungs- und Inhaltsmerkmale, einen bedeutenden Einfluss haben auf die Motivation, die Leistung, das Selbstkonzept, das Sozialverhalten und die Toleranz von Schülerinnen und Schülern. Dabei ist auch zu beachten, dass die Lehrpersonen nicht immer nur durch die reine Vermittlung von Wissen bedeutend für die Entwicklung der Schülerinnen und Schüler sind. Genauso wichtig erscheint es, dass Schülerinnen und Schüler ihre Lehrpersonen als Bezugspersonen wahrnehmen, die sie emotional unterstützen.

Literatur

Albert, M., Hurrelmann, K., & Quenzel, G. (2015). *Jugend 2015: 17. Shell Jugendstudie*. Frankfurt: Fischer.

Barke, H.-D., & Harsch, G. (2011). Motivation. In H.-D. Barke (Hrsg.), *Chemiedidaktik kompakt: Lernprozesse in Theorie und Praxis* (S. 35–54). Berlin, Heidelberg: Springer.

Berkemeyer, N. (2010). *Die Steuerung des Schulsystems: Theoretische und praktische Implikationen.* Wiesbaden: VS.

Bieg, S., & Dresel, M. (2016). Fragebogen zur Erfassung des Humors von Lehrkräften aus Schülersicht (HUMLAS): Konstruktion und Validierung. *Diagnostica, 62*(1), 3–15. doi:10.1026/0012-1924/a000132.

Bowlby, J. (1969). *Attachment.* Attachment and Loss, Bd. 1. New York: Basic Books.

Brown, J. L., Jones, S. M., LaRusso, M. D., & Aber, J. L. (2010). Improving classroom quality: Teacher influences and experimental impacts of the 4rs program. *Journal of Educational Psychology, 102*(1), 153–167. doi:10.1037/a0018160.

Cornelius-White, J. (2007). Learner-centered teacher-student relationships are effective: A meta-analysis. *Review of Educational Research, 77*(1), 113–143. doi:10.3102/003465430298563.

De Lorent, H. P. (1992). Praxisschock und Supervision. Auswertung einer Umfrage bei neu eingestellten Lehrern. *Pädagogik, 44*(9), 22–25.

Deci, E. L., & Ryan, R. M. (1985). *Intrinsic motivation and self-determination in human behavior.* New York: Plenum.

Eder, F. (2002). Unterrichtsklima und Unterrichtsqualität. *Unterrichtswissenschaft, 30*, 213–229.

Fend, H. (1977). *Schulklima: Soziale Einflussprozesse in der Schule.* Weinheim: Beltz.

Fredricks, J. A., & Eccles, J. S. (2002). Children's competence and value beliefs from childhood through adolescence: Growth trajectories in two male-sex-typed domains. *Developmental Psychology, 38*(4), 519–533. doi:10.1037//0012-1649.38.4.519.

Frenzel, A. C., Goetz, T., Pekrun, R., & Watt, H. M. G. (2010). Development of mathematics interest in adolescence: Influences of gender, family, and school context. *Journal of Research on Adolescence, 20*(2), 507–537. doi:10.1111/j.1532-7795.2010.00645.x.

Frese, M., & Zapf, D. (1991). Fehlersystematik und Fehlerentstehung: Eine theoretische Einführung. In D. Zapf (Hrsg.), *Fehler bei der Arbeit mit Computer. Ergebnisse von Beobachtungen und Befragungen im Bürobereich* (S. 14–31). Bern: Huber.

Gniewosz, B., & Noack, P. (2008). Classroom climate indicators and attitudes towards foreigners. *Journal of Adolescence, 31*(5), 609–624. doi:10.1016/j.adolescence.2007.10.006.

Gresch, C., Baumert, J., & Maaz, K. (2009). Empfehlungsstatus, Übergangsempfehlung und der Wechsel in die Sekundarstufe I: Bildungsentscheidungen und soziale Ungleichheit. In J. Baumert, K. Maaz & U. Trautwein (Hrsg.), *Bildungsentscheidungen.* Wiesbaden: VS.

Hamre, B. K., & Pianta, R. C. (2005). Can instructional and emotional support in the first-grade classroom make a difference for children at risk of school failure? *Child Development, 76*(5), 949–967. doi:10.1111/j.1467-8624.2005.00889.x.

Havers, N. (2006). Lehrertraining für angehende Referendare. In B. Jürgens (Hrsg.), *Kompetente Lehrer ausbilden. Vernetzung von Universität und Schule in der Lehreraus- und Weiterbildung* (S. 81–87). Aachen: Shaker.

Havers, N. (2013). Das Münchner Lehrertraining: formative und summative Evaluation. In B. Jürgens & G. Krause (Hrsg.), *Professionalisierung durch Trainings* (S. 85–96). Aachen: Shaker.

Helmke, A. (2002). Kommentar: Unterrichtsqualität und Unterrichtsklima: Perspektiven und Sackgassen. *Unterrichtswissenschaft, 30*(3), 261–277.

Helmke, A. (2009). *Unterrichtsqualität und Lehrerprofessionalität: Diagnose, Evaluation und Verbesserung des Unterrichts.* Seelze: Klett-Kallmeyer.

Helmke, A., & Schrader, F. W. (2008). Merkmale der Unterrichtsqualität: Potenzial, Reichweite und Grenzen. *SEMINAR – Lehrerbildung und Schule, 3*, 17–47.

Howes, C., & Spieker, S. (2008). Attachment relationships in the context of multiple caregivers. In J. Cassidy & P. R. Shaver (Hrsg.), *Handbook of attachment: Theory, research, and clinical application* (2. Aufl., S. 313–332). New York: Guilford.

Jacobs, J. E., Lanza, S., Osgood, D. W., Eccles, J. S., & Wigfield, A. (2002). Changes in children's self-competence and values: Gender and domain differences across grades one through twelve. *Child Development, 73*(2), 509–527. doi:10.1111/1467-8624.00421.

Kultusministerkonferenz (2000). Aufgaben von Lehrerinnen und Lehrern heute – Fachleute für das Lernen. http://www.kmk.org/fileadmin/Dateien/veroeffentlichungen_beschluesse/2000/2000_10_05-Bremer-Erkl-Lehrerbildung.pdf

Leitz, I. (2015). *Motivation durch Beziehung.* Wiesbaden: Springer VS.

Martin, R. A. (2007). *The psychology of humor: An integrative approach.* Oxford: Elsevier Academic Press.

Martin, R. A., Puhlik-Doris, P., Larsen, G., Gray, J., & Weir, K. (2003). Individual differences in uses of humor and their relation to psychological well-being: Development of the Humor Styles Questionnaire. *Journal of Research in Personality, 37*(1), 48–75. doi:10.1016/S0092-6566(02)00534-2.

Mashburn, A. J., Pianta, R. C., Hamre, B. K., Downer, J. T., Barbarin, O. A., Bryant, D., & Howes, C. (2008). Measures of classroom quality in prekindergarten and children's development of academic, language, and social skills. *Child Development, 79*(3), 732–749. doi:10.1111/j.1467-8624.2008.01154.x.

Mazer, J. P., Murphy, R. E., & Simonds, C. J. (2007). I'll see you on „Facebook": The effects of computer-mediated teacher self-disclosure on student motivation, affective learning, and classroom climate. *Communication Education, 56*(1), 1–17. doi:10.1080/03634520601009710.

Oser, F., & Spychiger, M. (2005). *Lernen ist schmerzhaft. Zur Theorie des Negativen Wissens und zur Praxis der Fehlerkultur.* Weinheim: Beltz.

Pianta, R., La Paro, K. M., & Hamre, B. K. (2008a). *Classroom assessment scoring system manual: K–3.* Baltimore, MD: Brookes.

Pianta, R. C., Belsky, J., Vandergrift, N., Houts, R., & Morrison, F. J. (2008b). Classroom effects on children's achievement trajectories in elementary school. *American Educational Research Journal, 45*(2), 365–397. doi:10.3102/0002831207308230.

Reyes, M. R., Brackett, M. A., Rivers, S. E., White, M., & Salovey, P. (2012). Classroom emotional climate, student engagement, and academic achievement. *Journal of Educational Psychology, 104*(3), 700–712. doi:10.1037/a0027268.

Rheinberg, F. (2008). Bezugsnorm und die Beurteilung von Lernleistung. In W. Schneider & M. Hasselhorn (Hrsg.), *Handbuch der Pädagogischen Psychologie* (S. 178–186). Göttingen: Hogrefe.

Rubie-Davies, C. (2014). Teachers' instructional beliefs and the classroom climate: Connections and conundrums. In H. Fives & M. G. Gill (Hrsg.), *International handbook of research on teachers' beliefs* (S. 266–283). New York: Routledge.

Rudasill, K. M., Gallagher, K. C., & White, J. M. (2010). Temperamental attention and activity, classroom emotional support, and academic achievement in third grade. *Journal of School Psychology, 48*(2), 113–134. doi:10.1016/j.jsp.2009.11.002.

Saldern, M., & Littig, K. E. (1987). *Landauer Skalen zum Sozialklima (LASSO).* Weinheim: Beltz.

Satow, L. (1999). Zur Bedeutung des Unterrichtsklimas für die Entwicklung schulbezogener Selbstwirksamkeitserwartungen. *Zeitschrift für Entwicklungspsychologie und Pädagogische Psychologie, 31*(4), 171–179. doi:10.1026//0049-8637.31.4.171.

Schaarschmidt, U. (Hrsg.). (2005). *Halbtagsjobber? Psychische Gesundheit im Lehrerberuf. Analyse eines veränderungsbedürftigen Zustandes.* Weinheim: Beltz.

Solomon, D., Battistich, V., & Hom, A. (2014). Teacher beliefs and practices in schools serving communities that differ in socioeconomic level. *The Journal of Experimental Education, 64*(4), 327–347. doi:10.1080/00220973.1996.10806602.

Spychiger, M., Oser, F., Hascher, T., & Mahler, F. (1999). Zur Entwicklung einer Fehlerkultur in der Schule. In W. Althof (Hrsg.), *Fehlerwelten* (S. 43–70). Opladen: Leske & Budrich.

Steuer, G., Rosentritt-Brunn, G., & Dresel, M. (2013). Dealing with errors in mathematics classrooms: Structure and relevance of perceived error climate. *Contemporary Educational Psychology, 38*(3), 196–210. doi:10.1016/j.cedpsych.2013.03.002.

Thomas, D. E., Bierman, K. L., & Powers, C. J. (2011). The influence of classroom aggression and classroom climate on aggressive-disruptive behavior. *Child Development, 82*(3), 751–757. doi:10.1111/j.1467-8624.2011.01586.x.

Tourney-Purta, J., Lehmann, R., Oswal, H., & Schulz, W. (2001). *Citizenship and education in twenty-eight countries. Civic knowledge and engagement at age fourteen.* Amsterdam: International Association for the Evaluation of Educational Achievement.

Weinert, F. E. (1997). *Notwendige Methodenvielfalt: Unterschiedliche Lernfähigkeiten der Schüler erfordern variable Unterrichtsmethoden des Lehrers*. Friedrich Jahresheft, Lernmethoden, Lehrmethoden, Wege zur Selbstständigkeit. (S. 50–52).

Wentzel, K. R. (1998). Social relationships and motivation in middle school: The role of parents, teachers, and peers. *Journal of Educational Psychology, 90*(2), 202–209. doi:10.1037/0022-0663.90.2.202.

Wilson, H. K., Pianta, R. C., & Stuhlman, M. (2007). Typical classroom experiences in first grade: The role of classroom climate and functional risk in the development of social competencies. *The Elementary School Journal, 108*(2), 81–96. doi:10. 1086/525548.

Woolley, M. E., Kol, K. L., & Bowen, G. L. (2008). The social context of school success for latino middle school students: Direct and indirect influences of teachers, family, and friends. *The Journal of Early Adolescence, 29*(1), 43–70. doi:10.1177/ 0272431608324478.

6

Wechselwirkungen zwischen den Ebenen

In den vorherigen Kapiteln haben wir viel über die einzelnen Ebenen des Klimas gesprochen. Im letzten Kapitel möchten wir nun an zwei fiktiven und mehr oder weniger ernst gemeinten Beispielen darstellen, wie sich die Ebenen der Gesellschaft, der Schule und der Klasse wechselseitig beeinflussen. Hierzu fokussieren wir in Abschn. 6.1 auf einen Top-down-Prozess und zeigen, dass Klimaveränderungen auf der Ebene der Gesellschaft in Gang gesetzt und die darunterliegenden Ebenen in der Folge beeinflusst werden. In Abschn. 6.2 stellen wir einen Bottom-up-Prozess dar, in dem die Idee einer Einzelperson sich auf die Klimamerkmale in der Klasse, in der Schule und schließlich auch in der Gesellschaft auswirken kann.

6.1   El Trópico – An Island in the Sun

Dramatis Personae:

* Don Pedro Fernandez de Guzman, Diktator auf El Trópico,
* Fidel, ein Grundschullehrer und späterer Revolutionsführer,
* Héctor Martínez, Fidels Kollege und Freund,
* Pablo, ein Grundschüler.

Es ist ein verregneter Herbsttag im Jahr 2001 auf der Insel El Trópico in der Karibik. Don Pedro erwacht, wie üblich, mit schlechter Laune. Noch vor dem ersten Kaffee schlägt er die Tageszeitung auf, was sich als großer Fehler herausstellen sollte. Die Tageszeitung erscheint mit der fetten Schlagzeile „Ein Desaster – wir sind dümmer, als wir dachten". Ganz hinten in seinem Hirn ahnte Don Pedro bereits seit einiger Zeit, dass so etwas passieren würde. Vor drei Jahren hatte ihn sein jüngerer Bruder, in seinem Kabinett heute Bildungs- und Wirtschaftsminister, unter Zuhilfenahme einiger Gläser Rum überredet, an einer internationalen Bildungsvergleichsstudie, die nach irgendeiner merkwürdigen Stadt in Norditalien benannt worden war, teilzunehmen. Nun sind die Ergebnisse da, und sie sehen so aus, wie Don Pedro befürchtet hatte. Desaströs. Das sind die Momente, in denen Don Pedro es bereut, das

© Springer-Verlag GmbH Deutschland 2017
M. Reindl und B. Gniewosz, *Prima Klima: Schule ist mehr als Unterricht*, Kritisch hinterfragt,
DOI 10.1007/978-3-662-50353-9_6

Strafgesetzbuch vor drei Jahren liberalisiert zu haben. Was nützt es, Diktator zu sein, wenn man die Idioten in seinem Kabinett nicht einfach so ins Exil schicken kann? Jetzt muss er damit leben, diese Ergebnisse der Studie landesweit in allen Zeitungen und auf allen Fernsehkanälen publiziert zu sehen.

„Wen interessiert schon Bildung?" – das war schon bei seinem Vater und seinem Großvater, von denen er das Inselparadies geerbt hatte, die Maxime, nach der sie ihre Bildungspolitik gestalteten. Man hat ein schönes System mit einer frühen Trennung in die dummen, die weniger dummen und die etwas clevereren Schülerinnen und Schüler. Das funktionierte ohne Probleme seit 150 Jahren mit dem netten Nebeneffekt, dass das Volk nicht zu schlau wurde oder gar damit anfing, die Herrschaftsverhältnisse auf El Trópico zu hinterfragen. Klar, arme Kinder hatten keine Chance, eine gute Bildung zu erlangen. Aber wer braucht so etwas schon? In den Schulen gab es noch anständig Druck und Zug, harsche Bestrafung, strenge Regeln, klare Autoritäten und ein wunderbar funktionierendes Führerprinzip in der Entscheidungskette. Das waren die Paradigmen der Politik insgesamt und in der Bildungspolitik auf El Trópico im Speziellen. Eigentlich war Don Pedro vollends zufrieden. Aber jetzt verflucht er den Tag, an dem er sich auf diese merkwürdige Studie eingelassen hatte, in der aus irgendeinem komischen Grund die Schülerinnen und Schüler in seinem Inselparadies abgrundtief schlecht abgeschnitten hatten.

Hätte Don Pedro geahnt, was in den nächsten Wochen und Monaten passieren sollte, er hätte sich sofort auf ein anderes Inselparadies, was einem seiner Kumpel gehörte, abgesetzt. Aber was passierte nun auf der schönen Insel? Angestachelt durch die Presse und irgendwelche merkwürdigen Kuschelpädagogen drehte sich in der Gesellschaft der Wind, und die Leute fingen an, sich Gedanken darüber zu machen, ob Bildung wichtig ist und ob das Bildungssystem auf El Trópico gut ist oder nicht. Wahrscheinlich auch befeuert durch subversive ausländische Einflüsse, gründete sich eine Partei. Das war wieder so ein Tag, an dem es sich wirklich als nachteilig erwies, die Möglichkeit der Ausbürgerung abgeschafft zu haben. Chef dieser Partei war irgendein dahergelaufener Grundschullehrer aus der Provinz namens Fidel. Den Nachnamen konnte sich Don Pedro einfach nicht merken.

Eigentlich war Fidel ein netter Kerl. Zusammen mit seinem Kumpel Héctor Martínez arbeitete er seit 25 Jahren an der gleichen Grundschule in einem kleinen Dorf an der Küste. Das Verhältnis zu seinem Schulleiter war problematisch, da dieser die Doktrin des Führerprinzips und des Kadavergehorsams sowohl auf sein Kollegium als auch auf seine Schülerinnen und Schüler in der Schule anwendete. Aber Fidel konnte nichts daran ändern, da all diese Abläufe durch Gesetze und Verordnungen abgesichert waren und laut Aussage seines Schulleiters schon immer wunderbar funktionierten. Das war schließlich überall auf El Trópico so. Aber jetzt schien die Zeit reif, da die PISA-

Studie für El Trópico sehr schlecht ausgefallen war und die ganzen Missstände des Bildungssystems deutlich gemacht hatte. Sogar die Presse war auf der Seite der Reformer.

Fidel, der schon lange andere Ideen hatte, wie Schule und Unterricht organisiert werden sollten, ahnte, dass es jetzt Zeit war, etwas zu verändern. Mit ein paar Freunden und Kollegen gründete er die Bewegung „El Progreso", die grundlegende Veränderungen für die Schülerinnen und Schüler, aber auch für die Lehrerinnen und Lehrer erreichen wollte. Diese Bewegung wuchs erfreulich schnell. Das hatte auf der anderen Seite aber den Nachteil, dass die staatlichen Autoritäten langsam auf diese Unruhestifter aus der Provinz aufmerksam wurden. Schnell wurden diese Bewegung und ihre öffentlichen Aktivitäten verboten, sodass Fidel und seine Kollegen in den Untergrund gehen mussten. Fidel und Héctor überlegten, was nun zu tun sei. Während Héctor eher auf langsamere Reformen hoffen wollte, setzte sich Fidel mit seinem revolutionären Ansatz in der Gruppe durch. Es kam, wie es kommen musste: Fidel und der radikale Zweig der Bewegung „El Progreso" griffen zu den Waffen und stürzten den Diktator Don Pedro. Die Erzählung dieser Revolution würde mehrere 100 Seiten füllen, weshalb hier darauf verzichtet werden soll, da die Barden ohnehin überall auf der Welt noch in 300 Jahren die Heldentaten von Fidel und seinen Mannen besingen werden.

Sogleich machten sich Fidel und seine Genossen ans Werk. Sie griffen die Stimmung im Volk auf, die Bildung als wichtigen Schlüssel zu einer besseren Gesellschaft in das Zentrum jeglichen politischen Geschehens stellen wollte, und machten diesen Teil der Politik als Hauptpunkt ihrer Agenda publik. Bildung wurde zu dem wichtigsten Thema auf El Trópico. Das hatte Auswirkungen auf die Gesetze, auf die Verordnung, auf die Ausbildung der Lehrerinnen und Lehrer sowie auf die finanzielle Ausstattung des gesamten Bildungssystems. In der Folge verbesserten sich die Rahmenbedingungen für Unterricht und Schule immens. Die Art und Weise, wie Schule organisiert wird, wie die Schülerinnen und Schüler miteinander umgehen, wie Lehrerinnen und Lehrer und die Schulleitungen ihre Autorität durchsetzen, alles wurde komplett demokratisiert. Beispielsweise wurde ein Gesetz eingebracht und verabschiedet, das autoritäre Durchsetzungsformen im Bildungssystem unter Strafe stellt. Es war viel Arbeit, aber das komplette Bildungssystem konnte modernisiert und demokratisiert werden.

Davon profitierte auch Héctor, der in der Folge der revolutionären Umwälzungen auf El Trópico immer noch an seiner Grundschule arbeitete, aber dort bereits den Posten des Schulleiters innehatte. Er teilte zwar die revolutionären Methoden seines Freundes und ehemaligen Kollegen Fidel nicht unbedingt, aber was er erreicht hatte, fand er doch bemerkenswert. Héctor hatte als Schulleiter jetzt ganz andere Möglichkeiten, mit seinen Kolleginnen und Kollegen umzugehen, da endlich dieses uralte Führerprinzip in der Schule nicht mehr anzuwenden war. Entscheidungen über pädagogische Ziele und Konzepte, Sanktionspraktiken und vieles andere mehr wurden demokratisch vom Lehrerkollegium in Zusammenarbeit mit den Eltern und auch den Schülerinnen und Schülern ausgearbeitet. Es entstand an dieser Grundschule ein neues Klima der demokratischen Partizipation. Das war nur möglich geworden, da die Verordnung und Gesetze auf El Trópico neu gestaltet wurden und den Schulen deutlich mehr Mittel zur Verfügung standen, um ihre pädagogischen Ziele erreichen zu können.

Das Faszinierende, das Héctor an seiner Schule nun beobachten konnte, war, dass nicht nur die Stimmung seiner Kolleginnen und Kollegen besser wurde, weil diese deutlich zufriedener mit ihrem Arbeitsplatz und ihren professionellen Möglichkeiten als früher waren, sondern auch die Schülerinnen und Schüler viel fröhlicher und viel motivierter in die Schule kamen als früher. Ein Schüler ist Héctor besonders aufgefallen: Pablo. Pablo ist zwölf Jahre alt und der Sohn einer allein erziehenden Mutter aus einem Fischerdorf. Leider sind die finanziellen Mittel dieser kleinen Familie sehr beschränkt. Man könnte sagen, sie sind arm. Pablo war nun in der vierten Klasse. Als Pablo mit der Schule begann – also noch in dem alten autoritären System, das Don Pedro mir eiserner Hand durchgesetzt hatte –, waren seine Aussichten für die Zukunft sehr schlecht gewesen. Zum einen war für arme Kinder in diesem System eine gute Schulbildung nicht finanzierbar. Zum anderen interessierten sich die Lehrerinnen und Lehrer zum großen Teil überhaupt nicht für ihre Schülerinnen und Schüler. Somit brachten sie auch keinerlei Motivation mehr auf, sich um den kleinen Pablo, der sich noch nie wirklich gut konzentrieren konnte, individuell zu kümmern. Außerdem zeichnete sich bereits ab, dass der kleine Pablo mit jeglicher Autorität Ärger anfing. All diese drei Ausgangsbedingungen machten die weitere Karriere von Pablo sehr überschaubar und eigentlich recht düster. Da nun aber Pablo kein dummer Junge war, wusste bzw. ahnte er das, was dazu führte, dass Pablo nicht gern in die Schule ging, sich aggressiv gegenüber seinen Mitschülerinnen und Mitschülern verhielt – schlichtweg in der Schule etliche problematische Verhaltensweisen zeigte. Das Klima in seiner Schulklasse sah nicht viel besser aus. In dem alten System, das sehr von Hierarchien geprägt war, war auch das Klima in der Schulklasse von Pablo sehr negativ. Da die Lehrerinnen und Lehrer überarbeitet und schlecht gelaunt waren, versuchten sie, durch Druck und Bestrafung ihre Vorstellung vom Unterricht durchzusetzen. Das ist natürlich die schlechteste Bedingung für einen kleinen Jungen, der ohnehin schon mit Problemen in die Schule kam. Daher überrascht es kaum, dass Pablo nie gute Leistungen zeigen konnte.

Doch dann änderten sich plötzlich die Vorzeichen. Irgendwie gab es ein paar Monate lang Unruhen auf der eigentlich friedlichen Insel, da irgend so ein Revolutionsführer den alten Diktator gestürzt und eine neue Regierung gebildet hatte. Pablo hatte davon im Fernsehen gehört. Es dauerte eine Weile, bis auch Pablo bemerkte, dass sich in der Schule ein paar Dinge geändert hatten. Es gab mehr neue Lehrerinnen und Lehrer, die auch mehr Zeit für ihn und die anderen Schülerinnen und Schüler hatten und auch irgendwie fröhlicher und ausgeglichener als früher wirkten. Man musste keine Angst mehr haben wie früher. Es gab einen neuen Schulleiter, der an den Entwicklungen seiner Schülerinnen und Schülern interessiert war. Es gab neue Möbel für das Klassenzimmer und moderne Lernmaterialen. Kurzum, die Schule war nicht mehr so schrecklich wie früher. Auch das Klima zwischen den Schülerinnen und Schülern in Pablos Klasse war deutlich besser geworden. Die Spannungen, die zwischen den Schülerinnen und Schülern entstanden waren, weil der Druck von oben einfach nach unten weitergegeben worden war, waren deutlich weniger geworden. Natürlich gab es immer dann und wann noch Stress zwischen Jungen und Mädchen oder Stress zwischen Anhängern von verschiedenen Fußballvereinen, aber das war ja ganz normal, wie seine Mutter sagte. Doch die Veränderungen führten dazu, dass Pablo die Schule nicht mehr so abgrundtief hasste wie früher. Er hätte sich nie dazu hinreißen lassen zu sagen, er würde gerne in die Schule gehen – zumindest nicht öffentlich.

Was Pablo nie so ganz verstehen konnte, war, warum plötzlich seine Noten in der Schule besser wurden und er deutlich seltener in irgendwelche Schlägereien verwickelt war als früher. Irgendwie hatten sich die Dinge zum Guten gewendet. Es regte sich so langsam der Gedanke in ihm, vielleicht doch länger in die Schule zu gehen, um dann einen anderen Beruf zu ergreifen als Preisboxer, was ihm bisher so vorgeschwebt war – vielleicht Arzt oder Astronaut, das ist noch nicht entschieden. Aber beides ist möglich – seit Neuestem.

6.2   El Monte – Another Island in the Sun

Dramatis Personae:

* Maria M., Schülerin der Sekundarstufe,
* Pablo, Schüler der Sekundarstufe.

In dem kleinen Land El Monte lebte ein kleines Mädchen namens Maria. Maria hatte große Ziele. Sie wollte später einmal Psychologin werden und mit Kindern arbeiten. Dabei wollte sie ihnen beibringen, sich selbst zu helfen, und dafür lustige Spielsachen entwerfen. Allerdings gab es da ein Problem. denn aufgrund ihrer gesellschaftlichen Stellung konnte sie nur eine grundlegende Schule besuchen und danach in den elterlichen Vieh- und Weidebetrieb einsteigen. Ein Studium stand gar nicht zur Debatte. Es war ihr – wie allen anderen in ihrem Land – schon von Geburt an vorgegeben, welchen beruflichen Lebensweg sie einschlagen würde. Viele fügten sich in ihr Schicksal, nicht zuletzt auch deswegen, weil sie über mögliche andere Optionen gar nicht Bescheid wussten. Aber Maria wollte mehr.

Seitdem sie sich einmal mit einem Gastschüler an ihrer Schule unterhalten hatte, sah sie die Welt etwas anders. Der Gastschüler hieß Pablo. Er kam von der Insel El Trópico. Er erzählte ihr, dass in seinem Land früher auch nicht jeder die gleichen Bildungschancen hatte. Aber seitdem sie eine Revolution überstanden hatten und die Regierung gewechselt hat, kann nun jeder werden, was er will. Maria hörte aufmerksam zu und überlegte, ob das auch in ihrem Land passieren könnte. In nächster Zeit zeichnete sich kein Regierungswechsel ab. Und falls es doch dazu kommen sollte, wer würde ihr garantieren, dass nicht wieder das Bildungsthema ganz hinten auf der Agenda steht? Maria dachte nach. Auch wenn ihr der Glaube noch viele Möglichkeiten einräumte, in einem nächsten Leben Psychologin zu werden – vorausgesetzt man tritt nicht versehentlich auf eine Ameise –, würde ihr das alles zu lange dauern. Sie wollte noch in diesem Leben Psychologin werden.

Was sollte sie nun tun? Maria sprach zuerst mit ihren Klassenkameraden, um sie von ihren Ideen zu überzeugen. Nicht alle waren sofort begeistert davon. Aber nach und nach erklärte Maria ihnen, was es für Möglichkeiten für sie gab. Davon überzeugt und beflügelt, starteten die Schülerinnen und Schüler eine Protestaktion. Sie bemalten Plakate und demonstrierten mit einer gewissen Lautstärke im Schulgebäude. Bald schon hatten sie alle Schülerinnen und Schüler der Dorfschule hinter sich gebracht, und langsam ließen sich auch die Lehrerinnen und Lehrer überzeugen – zuerst weil sie wollten, dass wieder geordnete Zustände an der Schule einkehren, aber dann erkannten sie auch den Mehrwert für sich. Die Wichtigkeit der Bildung könnte sich auch positiv auf ihre Arbeitsbedingungen auswirken. Sie bekämen bessere Büros und vielleicht sogar einen richtigen Schreibtisch an der Schule. Von einem Computer wagte da noch gar keiner zu träumen.

Maria war froh, die Schule mit der Lehrerschaft hinter sich zu wissen. Nun wurde ein Treffen mit den Lehrkräften vereinbart, um zu besprechen, wie man auch andere Schulen und die Bevölkerung für die Idee begeistern könnte. Ihr kam die Idee, ein kleines Automobil zu kaufen und durch das Land zu tingeln. Fidel von der Insel El Trópico, der von Pablo auf die ambitionierte Idee von Maria aufmerksam gemacht worden war, zögerte keinen Augenblick. Ihm war bewusst, dass eine Revolution von unten noch schwieriger als von oben ist. Er kaufte ihr sofort das Mobil, und Maria konnte loslegen.

Maria reiste lange Zeit durch das Land. Zuerst besuchte sie die Schulen. Die überzeugten Schülerinnen und Schüler brachten die revolutionären Ideen nach Hause. So konnte sie auch die Eltern der Jugendlichen erreichen. Nach und nach fand ihre Idee immer mehr Anhänger. Auch die Fernsehsender schalteten sich ein. Sie berichteten vom Kampf von Maria für ein gerechtes Bildungssystem. Durch Marias ambitioniertes Vorgehen veränderte sich auch die Einstellung vieler Bürgerinnen und Bürger. Aber ohne den Rückhalt in der Regierung, die die entsprechenden Gesetze erlässt, um für jeden Bildungsangebote frei zugänglich zu machen, und die Mittel dafür zur Verfügung stellt, dass auch Jugendliche aus ärmeren Verhältnissen die Möglichkeit haben, in weiterführende Schulen zu gehen, würde ihr Traum ein Traum bleiben.

Deswegen startete Maria mithilfe ihrer bereits zahlreichen Unterstützer eine Unterschriftenaktion. Sie glaubte daran, dass diese die Regierung überzeugen würde, etwas Grundsätzliches am Bildungssystem zu verändern. Zudem stand die Wiederwahl an und die Bevölkerung kurz davor zu verärgern, wäre strategisch sehr ungünstig, dachte sich Maria. Also sammelte Maria fleißig Unterschriften, die sie der Regierung vorlegte. Zwar unterschrieben nicht alle Personen, aber die meisten. Eine Analyse der Verweigerer hat ergeben, dass es sich zumeist um Personen handelte, die nach der Revolution in El Trópico nach El Monte geflohen waren, weil sie Bildung für alle einfach als völlig grotesk empfanden.

Nachdem Maria die Liste der Regierung vorlegt hatte, wurde nach einigen Verhandlungen ein Beschluss gefasst, dass nunmehr für alle Kinder und Jugendliche eine Schulpflicht besteht. Maria hatte es geschafft. Sie hatte durch eine Revolution von unten bewirkt, die Grundfesten des Bildungssystems zu verändern. Dies machte es möglich, dass wiederum eine Veränderung ausgehend von der gesamtgesellschaftlichen Ebene (top-down) in Gang gesetzt wurde. In der Folge wurde es jedem Jugendlichen freigestellt, den Beruf zu ergreifen, den er möchte. Für die zusätzliche Belastung des Bildungssystems durch zusätzliche Schülerinnen und Schüler wurden von der Regierung finanzielle Mittel zur Verfügung gestellt. Zunächst wurden nur ein paar Klassen in Marias Schulen ausgewählt, denen die strukturellen Veränderungen zugutekamen. Nachdem es von Lehrer-, Schüler als auch Elternseite nur positive Rückmeldungen gab, z. B. bessere Ausstattung an Unterrichtsmaterialien, Wahrnehmung einer angenehmeren Lernatmosphäre und auch bessere Leistungen, wurden die gesamte Schule und weitere Schulen im Umkreis strukturell verändert. Da sich die positiven Rückmeldungen der beteiligten Personen weiter steigerten, wurden schlussendlich die Maßnahmen im gesamten Bildungssystem etabliert. Davon profitierte das ganze Land. Die Wirtschaft wurde angekurbelt, und die Fachkräfte im Land konnten den Wohlstand im Land nochmals erhöhen. Daher ließ man es nun dabei, und die Reformen im Bildungssystem blieben bestehen.

Maria war glücklich. Endlich hatte sie die Möglichkeit, eine weiterführende Schule zu besuchen und an die Universität zu gehen. Als sie nach einigen Jahren ihr Studium beendet hatte, konnte sie endlich ihre Materialien entwerfen und damit einen Meilenstein in der Erziehung von Kindern erreichen. Und wenn sie nicht gestorben ist, dann spielt sie heute noch.

7

Zusammenfassung und Ausblick

Wir haben Ihnen nun viel über die Klimaarten in unserem Bildungssystem erzählt. Dabei haben wir das Bildungsklima, das Schulklima, das Klassenklima und das Unterrichtsklima thematisiert und für jede Klimaart wissenschaftlich relevante Fragen gestellt: Was ist dieses Klima? Was macht es? Wo kommt es her? Und wie kann man es schlussendlich verbessern? Auch wenn wir letztlich nicht abschließend beantworten können, welche Merkmale die jeweilige Klimaart wirklich beinhaltet, so haben wir dennoch basierend auf den ausgewählten Klimamerkmalen und auf der existierenden Forschung dargestellt, dass diese einen bedeutenden Einfluss auf die Entwicklung von Schülerinnen und Schülern, aber auch Lehrpersonen haben. Wichtig war es uns zu zeigen, dass schulspezifische Klimamerkmale nicht nur auf Lern- und Leistungsverhalten von Schülerinnen und Schülern Einfluss haben, sondern auch darauf, dass Kinder und Jugendliche in ihrer Identitäts- und Sozialentwicklung gefördert und die Erfahrungen im schulischen Kontext nicht wie unter einer Käseglocke aufgenommen und reproduziert werden. Auch außerschulische Kompetenzen und Verhaltensweisen von Schülerinnen und Schülern können beeinflusst werden, die in der Folge in andere Lebensbereiche der Jugendlichen eingebracht werden oder auf schulische Bereiche zurückwirken. Das heißt, schulische Einflüsse wie die Schüler-Schüler-Beziehungen können sich auch darauf auswirken, dass sich Kinder und Jugendliche in ihrem Sozialverhalten verändern und nicht nur innerhalb der Schule andere Personen unterstützen, sondern diese Unterstützung auch außerhalb des schulischen Kontexts, z. B. in ihrem Verein, praktizieren.

Ein weiterer wichtiger Punkt für die Wirkung von Klimamerkmalen ist, dass auch Lehrerinnen und Lehrer davon profitieren können. In diesem Zusammenhang ist zu bedenken, dass Klimamerkmale nicht nur eine spezielle Entwicklung beeinflussen, sondern immer weitere Veränderungen nach sich ziehen können. Zum Beispiel kann in der Schule ein gutes Arbeitsklima wahrgenommen werden, was die psychische Gesundheit der Lehrkraft beeinflusst. Eine gesunde und motivierte Lehrkraft wird wiederum im Unterricht vermehrt ihre Schülerinnen und Schüler unterstützen und dahingehend positive Beziehungen aufbauen können. Die Schülerinnen und Schüler fühlen sich wertgeschätzt, was wiederum deren psychisches Wohlbefinden stärkt … Man

© Springer-Verlag GmbH Deutschland 2017
M. Reindl und B. Gniewosz, *Prima Klima: Schule ist mehr als Unterricht*, Kritisch hinterfragt,
DOI 10.1007/978-3-662-50353-9_7

könnte ewig so weitermachen. Damit möchten wir Ihnen nur klarmachen – wie wir bereits in Kap. 6 zu den Wechselwirkungen zwischen den Ebenen versucht haben –, dass sich zum einen die Klimaarten wechselseitig beeinflussen und gleichzeitig die Entwicklungen, die sie bewirken, auch auf andere Lebensbereiche übertragen werden können. Diese ganzheitliche Sichtweise wollten wir auch einnehmen, um zu erklären, wie sich bestimmte Klimamerkmale überhaupt konstituieren. Es wäre zwar schön, wenn man sagen könnte, genau wenn dies oder das gemacht wird, entsteht dieses oder jenes Klima, aber in der Realität ist es etwas komplizierter. Ein Beispiel, das dies verdeutlicht, ist ein Schüler, der sich für eine Schulaufgabe vorbereitet. Normalerweise könnte man annehmen, dass ein Schüler, der für eine Schulaufgabe viel lernt, auch eine gute Note erhält. Allerdings ist diese Vorhersage nicht immer zutreffend. Zusätzlich können z. B. Intelligenz des Schülers, Zeitpunkt der Schulaufgabe und Müdigkeit des Schülers eine Rolle spielen, warum er trotz intensiver Vorbereitung keine gute Note erzielt. Überträgt man dieses Beispiel auf ein Klimamerkmal wie die Lehrer-Schüler-Beziehung (Kap. 5), könnte man sagen: Wenn die Lehrkraft immer ein offenes Ohr hat für seine Schülerinnen und Schüler, entsteht auch eine gute Lehrer-Schüler-Beziehung. Sicherlich ist die Wahrscheinlichkeit in diesem Fall höher, aber Einflüsse wie das Aggressionspotenzial des Schülers, Cliquenzugehörigkeit oder Vorerfahrungen mit anderen Lehrkräften können den Beziehungsaufbau behindern. Somit möchten wir auch hier darauf hinweisen, eine ganzheitliche Sichtweise bei der Entstehung von Klimamerkmalen einzunehmen und mehrere Möglichkeiten gleichzeitig in den Blick zu nehmen.

Nun stellen wir uns selbst die Frage, ob es uns gelungen ist, mit diesem Buch eine ganzheitliche Sichtweise der Klimabetrachtung zu verwirklichen. Ob es uns gelungen ist, können nur Sie als Leserin bzw. Leser beantworten. Wichtig war uns zu vermitteln, dass der schulische Kontext aus vielfältiger Perspektive betrachtet werden sollte, nämlich als Kontext, in dem neben der Wissensvermittlung Beziehungen aufgebaut werden können, Toleranz gefördert und auch ein Arbeitsplatz für Lehrpersonen gestaltet werden kann. Und dies sind nur einige Möglichkeiten, aus welchem Blickwinkel der schulische Kontext betrachtet werden kann. Was lernen wir also daraus? *Schule ist mehr als nur Unterricht.*

Nachbemerkung der Autorin und des Autors

Wir glauben, in dem vorliegenden Buch das Feld der Klimaforschung ganz gut strukturiert zu haben. Wir haben aber auch gemerkt, dass noch viel Forschung nötig ist. Man hat als Forscherin und Forscher immer den Reflex, ein Buch damit zu beenden, wie die Forschung weitergehen könnte. Wir wollen Sie damit auch gar nicht großartig behelligen. Aber was wir Ihnen mitgeben möchten, sind die großen Fragen, die sich in unseren Köpfen durch das Schreiben ergeben haben.

1. *Welche unterschiedlichen Begriffe im Feld der Klimaforschung bezeichnen eigentlich dasselbe?*
   Wir haben so viel Literatur gefunden, in der die blumigsten, schlau klingendsten und kompliziertesten Begriffe verwendet wurden, die eigentlich das Gleiche bedeuten. Hier sollte mal jemand aufräumen.
2. *Welche identischen Begriffe bezeichnen eigentlich unterschiedliche Dinge?*
   Dieser Umstand hat uns fast zur Weißglut getrieben. Immer wieder fanden sich Studien, die zwar Schulklima im Namen trugen, deren eigentliche Fragestellung aber entweder das Klassenklima oder das Unterrichtsklima betrafen. Auch bei dieser Begriffsverwendung sollte mal jemand aufräumen.
3. *Kann nicht irgendjemand mal versuchen, die unterschiedlichen Klimakonzeptionen in einen einheitlichen theoretischen Rahmen zu bringen?*
   Wenn Sie selbst auf die Suche gingen, was Klima ausmacht, würden Sie etliche Konzepte finden, die sich zum Teil auch noch widersprechen. Das macht es für Forschende wie Lernende oder gar Interessierte nicht leichter, sich gedanklich mit dem Feld zu befassen.
4. *Wie kann man Prädiktoren von Klima (Wo kommt das her?) von den Konstituenten (Was ist das?) und den Effekten (Was macht das?) trennen?*
   Es hat uns einige Mühe gekostet, diesbezüglich eine hoffentlich klare Trennung in dem Buch zu schaffen. Ein Beispiel: Beim Bildungsklima ging es um die in der Gesellschaft geteilte Wichtigkeit von Bildung. Wir haben eine gute Zeit damit gerungen, ob nun die Veränderung hin zur autonomen Schule ein Ausdruck des Bildungsklimas (Was ist das?) oder eine Folge des veränderten Bildungsklimas (Was macht das?) ist.
5. *Wie kann ich Klima verändern?*
   Hier sind die Abschnitte wissenschaftlich am wackeligsten. Es mangelt draußen in der Welt nicht an Konzepten oder Ideen, wie man Klima verändern kann. Gerade wenn es um die Fragen der Intervention geht, braucht man Belege, ob eine Maßnahme wirkt oder nicht. Wenn ein Arzt Ihnen vorschlägt, Ihren entzündeten Blinddarm durch Auflegen eines toten Huhnes zu kurieren, fragen Sie (hoffentlich) danach, was das soll. Sobald Sie beim Klima in der Schule intervenieren möchten, fragen Sie also besser nach Evaluationsergebnissen. Leider gibt es wenige gute und belastbare Interventionsstudien, was sicher auch mit den Fragen 1 bis 4 zu tun hat. Mehr gute und kontrollierte Interventionsstudien sind aber notwendig, erstens, weil Sie wissen müssen, ob ein Programm wirkt – besser noch, wie es wirkt. Sie müssen einschätzen können, ob eine Intervention in der Schule überhaupt Sinn macht. Zweitens kann man über Interventionsstudien grundlagenwissenschaftlich einiges über das Klima lernen.

Sachverzeichnis

© Springer-Verlag GmbH Deutschland 2017
M. Reindl und B. Gniewosz, *Prima Klima: Schule ist mehr als Unterricht*, Kritisch hinterfragt,
DOI 10.1007/978-3-662-50353-9